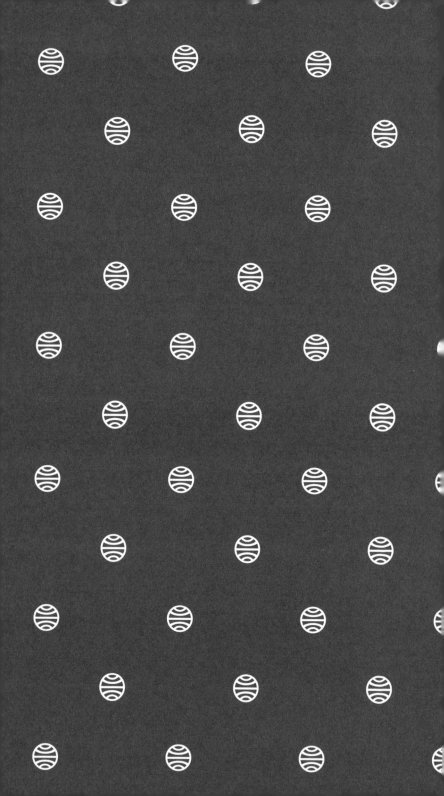

60 píldoras sin fecha de caducidad

ARI PALUCH

60 píldoras sin fecha de caducidad

Cómo olvidarse
del propio ego para alcanzar la felicidad

Zenith/Planeta

No se permite la reproducción total o parcial de este libro, ni su incorporación a un sistema informático, ni su transmisión en cualquier forma o por cualquier medio, sea éste electrónico, mecánico, por fotocopia, por grabación u otros métodos, sin el permiso previo y por escrito del editor.

Título original: *El combustible espiritual 2*

© Aarón Fabián Paluch, 2009
© Grupo Editorial Planeta S.A.I.C., 2009
Independencia 1668, C 1100 ABQ, Buenos Aires (Argentina)
© Editorial Planeta, S. A., 2011
Avda. Diagonal, 662-664, 08034 Barcelona (España)

Fotocomposición: gama, sl

ISBN 13: 978-84-08-08049-7
ISBN 10: 84-08-08049-0

Editorial Planeta Colombiana S. A.
Calle 73 N.° 7-60, Bogotá

ISBN 13: 978-958-42-2746-1
ISBN 10: 958-42-2746-7

Primera reimpresión (Colombia): junio de 2011
Impresión y encuadernación: Editorial Linotipia Bolívar

*Gracias a mi familia, gracias a mis lectores,
gracias a la editorial, gracias a mis maestros,
gracias a mis amigos
y gracias a Dios por soplarme la letra*

PRÓLOGO

Recuerdo cuando conocí a Ari en un viaje en avión desde Miami. Él viajaba con su familia y yo con mi socio; volvíamos de ver tendencias para mi nuevo restaurante. Estábamos sentados en la misma fila de asientos; observamos los libros que ambos estábamos leyendo... ¡los dos trataban de lo mismo, eran espirituales!

Charlamos durante dos horas como si fuésemos amigos de toda la vida; fue una charla muy interesante, un encuentro.

Un día lo llamé para invitarlo a comer a mi restaurante recientemente inaugurado, y Ari me comentó que vendría ese viernes y que me traería el libro que había escrito. En ese momento yo estaba pasando lo que para mí era uno de los peores momentos de mi vida; las cosas no me iban demasiado bien.

En realidad mi ego estaba siendo triturado; en ese momento le daba excesivo valor a todo lo frívolo y material. He dicho «para mí» porque en una de las tantas charlas con Ari me enseñó que lo que sucede conviene. El maestro diría: todo lo que te sucede es para bien, sólo que en ese preciso momento tal vez no tienes la capacidad para darte cuenta. Pero hoy podría decir «gracias, crisis».

Entonces apareció Ari con su libro, y en la dedicatoria decía «A mi compañero espiritual». Qué lejos me sentía de esa dedicatoria...

Al cabo de dos semanas, una mañana cogí el libro y lo leí en un día. Fue volver a empezar.

Quedé emocionado hasta las lágrimas: Ari me había hecho viajar; esos viajes de veinte centímetros que son los más cortos y los más bonitos, los de la mente al corazón.

Después de coincidir en comidas y charlas le conté que había hecho un curso en El Arte de Vivir. La fundación no recibía ningún tipo de ayuda por parte del gobierno de la ciudad. Entonces, Ari, muy interesado en ayudar, organizó una reunión con Mauricio Macri para solicitarle unas becas para que los chicos y los más necesitados y sin recursos pudieran participar en estos cursos.

También en su programa de radio siempre está dispuesto a difundir y promover el bien común; por ejemplo un día, un instructor de El Arte de Vivir, Juan Mora y Araujo, me contó que gracias a la difusión que Ari hace en la radio, una señora que estaba deprimida y con ganas de suicidarse se apuntó en el curso y hoy, transcurrido un año, esa señora está llena de amor y gratitud.

Por todo esto, futuros lectores, vais a leer un libro de un ser de una generosidad maravillosa, preocupado y ocupado en el bien común, con el don más supremo que puede existir: el de servir a la sociedad.

Por eso, Ari, en este corto y mágico camino de la vida, gracias por ser nuestro compañero espiritual.

Con amor,

Federico Rivero

INTRODUCCIÓN
ESTAMOS DE PASO

Comienzo a escribir este libro con la enorme necesidad de expresar mi gratitud a Dios y a través de Él a todas las personas a las que me permitió llegar con *El combustible espiritual*.

El fenomenal proceso de escribir y vibrar desde la inspiración sin más expectativas que compartir el camino espiritual que ha enriquecido mi vida y que se ha coronado en miles y miles de lectores que han encontrado en aquella obra una puerta de entrada a la transformación de sus vidas y a la comprensión de su propósito.

Desde la publicación en 2008, historias conmovedoras, anécdotas increíbles y relatos estremecedores me llegaron y me llegan cada día —en la radio o en los lugares más diversos, dondequiera que esté— de personas que han iniciado un camino espiritual del que ya no quieren apartarse.

Gracias al *Combustible* he tenido y tengo la enorme fortuna de encontrarme con ellos en charlas, clínicas y conferencias donde intercambiamos relatos y experiencias virtuosas que sólo la voluntad del espíritu pueden hacer posible.

Soy, por vocación y formación, periodista, pero esta nueva etapa me ha permitido acercarme a un nuevo rol, el de «facilitador» y «difusor espiritual». Afortunadamente ambas tareas son compatibles, y una enriquece a la otra. Mi acercamiento a la espiritualidad y a la sabiduría ha potenciado mi capacidad de análisis de los temas cotidianos y coyunturales.

En varias ocasiones, lectores del *Combustible* que desconocían mi tarea periodística se interesaron en ella y, a la inversa, oyentes de mis programas de radio sintieron curiosidad por el libro a partir de editoriales dotados de espiritualidad en temas candentes que tratábamos en «El Exprimidor».

En el aspecto profesional, *El combustible espiritual* me abrió innumerable cantidad de puertas: un ciclo de entrevistas en televisión, la enorme fortuna de haber sido editado en mercados inesperados y la dicha de ser convocado frecuentemente a disertar sobre espiritualidad en espacios tan distantes y a su vez tan necesitados como una cárcel, un geriátrico, una empresa multinacional o un hotel de cinco estrellas.

El combustible espiritual fue para mí una consecuencia y no un objetivo. La universalidad de sus lectores no hace más que confirmar la avidez cada vez mayor por transitar otro camino. Con el libro quise compartir mi experiencia, como un elemento útil, con las personas que quisieran ir al encuentro de una vida más sabia, más consciente y más luminosa, recurriendo a las leyes universales y su aplicación cotidiana.

El maestro Sri Sri Ravi Shankar supo definir con una frase la gran dificultad del ser para ser: «El viaje más difícil apenas se extiende unos veinte centímetros; esta distancia no es otra cosa que el tramo que va desde la cabeza al corazón.»

En este nuevo libro intento ayudar a que el viaje sea menos dificultoso, pongo manos a la obra y me encomiendo a Dios, recordándome que sólo somos canales de Dios y que Él obra a través de nosotros.

Las páginas que suceden a esta introducción no son un ejemplo de erudición —hace mucho que he dejado que Dios baje de mi cabeza a mi corazón—, los mejores momentos de mi día llegan cuando dejo de pensar en Dios para empezar a sentirlo.

Sin renegar del intelecto, suelo sentirme más cómodo en el territorio de la inspiración, esta maravillosa experiencia que no es otra cosa que la vida en espíritu. La búsqueda de la felicidad, la dilución del ego, la expansión de la conciencia, el poder de la sincronía y un curso de milagros, entre otras cuestiones, dan forma a este nuevo sueño.

Empecemos, pues. Alguien ha dicho: «La vida sólo puede ser comprendida mirando hacia atrás, pero sólo puede ser vivida mirando hacia delante.»

1
LA FELICIDAD

¿Qué es lo que se necesita en la vida para ser feliz?

Lo que necesita una persona para ser feliz es ser feliz.

Seguramente todos alguna vez nos hemos preguntado ¿qué es la felicidad?, o ¿qué necesita una persona para ser feliz: alguien que la ame, un trabajo que le guste, una abultada cuenta corriente, mucha fama...?

En realidad, todo lo que necesita y lo único que necesita es ser feliz. No pretendo emular a Perogrullo con una respuesta que, admito, suena obvia pero es sabia y elocuente.

Puedes tener todo esto que he enumerado y no obtener la felicidad. Es muy probable que quien lea esto sea una persona que trabaja en lo que le gusta, duerma todas las noches con la persona que ama y tenga con ella hijos maravillosos. Puede ser que sea rico, o famoso y hasta rico y famoso al mismo tiempo. Sin embargo, es probable que así y todo no sea feliz.

Aquí es necesario hacer una advertencia: esto no significa que quien quiera la felicidad no deba intentar ser amado, trabajar en lo que más le guste, intentar ser rico o muy famoso. Simplemente quiero decir que para ser feliz «felizmente» la única condición es lograr la felicidad.

Mucha gente es feliz y no es rica; mucha gente es feliz y no tiene pareja; mucha gente es feliz sin ser famosa, etcétera, etcétera. Sin embargo, toda la gente que es feliz posee algo en común: tiene felicidad. Así de sencillo, así de obvio.

La primera conclusión de varias que presentaremos en este capítulo es que la felicidad se vincula mucho más con la actitud (que tiende a ser permanente o, cuando menos, estable) que con las circunstancias (que tienden a ser cambiantes).

Esta primera conclusión nos trae una muy buena noticia. Afortunadamente la felicidad depende mucho más de algo propio y bien nuestro, como es la predisposición personal, que de algo ajeno como las circunstancias.

La buena nueva es que, salvo en contadas situaciones, son nuestras actitudes las que terminan dirigiendo nuestras circunstancias. Esto no hace más que confirmar que la felicidad depende en mayor medida de nosotros que de los otros: somos vectores de nuestra felicidad.

Cuando nuestra felicidad queda supeditada a que los demás cambien, estamos ante una situación muy poco probable.

Cuando tu felicidad queda supeditada a que tú y los demás cambien, nos enfrentamos a una situación poco probable.

Cuando tu felicidad queda supeditada a tu propio cambio, es más probable llegar a la felicidad.

No pongamos en manos de nadie el máximo derecho que nos ha sido dado: el derecho a la felicidad.

Con el tiempo descubrimos que más allá de los lógicos vaivenes emocionales que las circunstancias dan a nuestras vidas, la felicidad se relaciona más con nuestros comportamientos que con nuestros acontecimientos.

En más de una ocasión se ha difundido un estudio que revela que el nivel de felicidad de las personas es independiente de los hechos que van cruzando sus vidas.

El ser negativo, poco propenso a la felicidad, suele volver a este estado a los pocos meses de recibir una buenísima noticia (cobrar una herencia millonaria o ganar la lotería). Por el contrario, el ser positivo, muy propenso a la felicidad, tiende a volver a este estado algunos meses después de una dura circunstancia (una gran pérdida económica o, por qué no, física).

Quien fuera vicejefa de Gobierno de la Ciudad Autónoma de Buenos Aires, Gabriela Michetti, es un ejemplo propio del segundo grupo. Postrada en una silla de ruedas por un accidente automovilístico, es una persona feliz y de muy buen talante, que no anida resentimiento alguno y con una predisposición que la lleva a encarar día a día nuevos y apasionantes desafíos.

Que haya millonarios infelices y personas muy felices, más allá de las limitaciones y barreras que la vida les ha presentado, no hace más que ratificar que la felicidad reside preferentemente en las actitudes más que en las circunstancias. A la hora de elegir, si se pudiera, lo ideal sería combinar las mejores actitudes con los mejores acontecimientos. Pero esto es un ideal y sabemos que los ideales no existen.

He aquí otra buena noticia: las buenas actitudes suelen generar mejores circunstancias.

El día que...

La canción *El día que me quieras*, de los notables Gardel y Lepera, interpretada a través de los años por decenas de artistas, es una pieza preciosa, romántica y conmovedora. Sin embargo, me tomaré la licencia de asociarla con el «mal» que nos aleja de la felicidad al que llamaremos «síndrome del día que me quieras». Se trata de aquella costumbre por la que atamos nuestra felicidad a la decisión ajena, o a la circunstancia fortuita.

El día que me quieras, el día que me compre la casa, el día que me toque la lotería, el día que...

El día es hoy, «el día que» es hoy. Hoy es el día para intentar por lo menos ser feliz, sin condicionarlo a un logro.

El concepto de «felicidad rehén», supeditada por un suceso largamente deseado, no hace otra cosa que fabricar infelices acosados por la insatisfacción, hija dilecta de la obsesión.

En su maravilloso libro *La conquista de la felicidad*, Bertrand Russell enumera razones por las que podemos alcanzar la felicidad. Algunas de ellas son: prescindir de ciertos objetos de deseo, preocuparse menos por uno mismo, realizar una actividad por el mero placer que ofrece el hecho de realizarla, darle menos importancia a los logros y más a las actividades relacionadas con ellos.

El autor sostiene que son pocas las personas que eligen deliberadamente la infelicidad si ven alguna manera de ser felices. Otro de sus aportes interesantes es aquel que asegura que no es cierto que el hombre que disfruta de su desgracia deja de ser desgraciado. Por el contrario, Russell habla de «el sufridor orgulloso», alguien que siente tal superioridad que no le compensa el disfrutar de placeres más sencillos.

Es bueno recordar que la infelicidad no nos convierte en personas mentalmente superiores, así como la felicidad no nos hace mentalmente inferiores. Pero sí es de sabio ser todo lo feliz que las circunstancias nos permitan.

Volviendo a Russell, este notable pensador nos advierte que una de las razones por las que somos infelices es la excesiva importancia que le otorgamos al éxito competitivo como principal fuente de felicidad.

Me gustaría agregar sobre esta cuestión que al sentirnos ganadores en la comparación o la disputa con los demás, atamos nuestra felicidad al éxito sobre un «oponente» que, en caso de vencernos, nos hará infelices.

Por el contrario, el éxito no comparativo, no competitivo, es el éxito personal de quien se apropia de sí mismo para dejar de ser rehén de frustraciones y ambiciones ajenas. Ese éxito es perdurable ya que no le teme a la próxima competencia y por lo tanto, ni teme ni compite.

En este caso el éxito te lo debe todo a ti, tú al éxito no le debes nada.

Es cierto que el éxito puede ser un ingrediente muy importante para elaborar la felicidad, pero sale muy caro si para obtenerlo tenemos que sacrificar todos los demás ingredientes. Partiendo de esta base, entendemos que tanto el dinero como el éxito pueden ser ingredientes importantes pero nunca la receta. Puede suceder que por avivar demasiado el fuego (el éxito) se te queme la comida (la felicidad).

Digamos que la felicidad puede ser producto de una receta única, pero que ésta nunca podría estar conformada por un solo ingrediente.

Otra de las barreras que solemos ponernos a la hora de buscar la felicidad es la envidia, asociada al éxito basado en la comparación y en la competencia.

Bertrand Russell asegura que, junto a la preocupación, la envidia es una de las causas más poderosas de la infelicidad, y cuando habla de envidia incluye los celos (forma especial de la envidia).

No puede ser feliz quien en lugar de disfrutar de lo propio padece por lo que otros poseen. Como contrapeso a este sentimiento negativo apasionado, el autor de *La conquista de la felicidad* recomienda la admiración, pasión por demás positiva. Quien aumenta su capacidad de admirar reduce su capacidad de envidiar.

El proceso podría describirse de esta manera: se envidia al que creemos que es feliz, el envidioso quisiera ser feliz pero naturalmente la envidia no se lo permite. Un día, de repente, el envidioso, harto de su infelicidad, sufre una transformación, digamos que hace un clic, toma conciencia, deja de envidiar y empieza a estar más cerca de la felicidad y más lejos de la infelicidad.

En el capítulo «Misión en la vida» de *El combustible espiritual* te explicaba que conocer el propósito de tu existencia te aleja de comparaciones y competencias enfermizas para centrarte en tu don, en tu tarea, extraordinario antídoto contra la envidia.

Así como la verdad te permite ver las cosas tal como son y finalmente aceptarlas, la envidia te hará ver aquellas cosas en relación con los demás generándote la sensación de que lo que haces, tienes y logras nunca es suficiente. Esta combinación de envidia e insatisfacción va minando la capacidad de ser feliz de una persona.

Felicidad y espiritualidad

El ser espiritual cuenta con una gran ventaja que lo acerca a la felicidad. No la busca donde nunca la encontraría: «afuera», y la encuentra donde la debe buscar: «adentro».

Cuenta la leyenda que un reino movilizó al pueblo entero para buscar una joya preciosa que la princesa no podía encontrar. La buscaron por todas partes sin éxito alguno; finalmente la gema fue hallada... en el cuello de la propia princesa.

El combustible espiritual nos dice: «La felicidad es una cuestión de ser y la infelicidad una cuestión de no ser.»

En *Hamlet*, el personaje de Polonio aconseja a su hijo: «Sé fiel a tu propio ser, entonces sucederá, tal como la noche sucede al día, con idéntica certeza.» Cuando decimos ser feliz, por ejemplo «yo quiero ser feliz», deberíamos agregar «valga la redundancia», porque «ser» y «feliz» en tales circunstancias pasan a ser sinónimos.

La no felicidad va de la mano del no ser, el que no es, no el que no tiene. El que no es no puede ser, vive una vida ajena, se frustra, hecha culpas, se victimiza, contrae una enfermedad y finalmente tiene una excusa a su medida para no afrontar el problema. Cree que ha enfermado por culpa de los demás y dispara frases como: «Encima que estoy enfermo por culpa vuestra, me acosáis y queréis que cambie.»

La autocompasión es una de las barreras que ponemos para que no pase por nuestra vida el «tren de la felicidad».

Tal vez hasta hoy has vivido con la idea de que la felicidad depende en gran medida de los otros y muy poco de nosotros. Es hora de «desprenderse» de ese concepto tan profundamente arraigado en nosotros. Los otros son reflejos de nosotros. «Lo que vemos en el otro es nuestra propia luz reflejada.»

En función de esto me gustaría utilizar el ejemplo de la «linterna interior» que se proyecta al exterior. Si nuestro interior exhibe y emite una luz poderosa, nuestra visión de las cosas externas será mucho más clara y luminosa; por el contrario, si nuestro interior proyecta una luz tenue, mortecina, casi tenebrosa, nuestra visión exterior no será muy diferente. No vemos las cosas como son sino como las vemos: carguemos la «linterna interior» y nuestra visión del mundo será funcional a la obtención de la felicidad tan anhelada.

Nos han concedido un regalo único, nuestro creador nos ha hecho a su imagen y semejanza, somos esencialmente seres de luz, seres de paz, seres de amor.

No hay razón alguna para suponer que «no ser» pueda hacernos felices. La conexión con lo que realmente somos nos conduce a la felicidad.

El ego, el falso ser, nos quiere hacer creer que la felicidad es la búsqueda de un resultado.

El ser espiritual (ser verdadero, ser esencial) sabe que la felicidad es la búsqueda de la paz, ése es su verdadero espíritu. El ego es discutidor; la «verdad» no discute, simplemente «es». Volviendo a *Hamlet*, la felicidad es una cuestión de ser, aquí no hay dilema, ni calavera.

En mayor o menor medida casi todos nosotros solemos decir que necesitamos ser felices. El problema es que no sabemos qué es lo que necesitamos para ser felices.

Soy fan del grupo inglés Coldplay. Una de sus canciones, *Fix*, que escuché una y otra vez en un largo viaje en avión una noche en la que no podía conciliar el sueño, dice: «Cuando logras lo que quieres pero lo que logras no es aquello que necesitas.»

Algunos años atrás J. Krishnamurti planteó muy bien esta cuestión, acerca de lo que buscamos y de lo que necesitamos. Este notable pensador supo diferenciar entre gratificación (obtener algo que queríamos) y felicidad.

Con el correr de las páginas de este libro descubriremos que la gratificación por sí sola no nos hace felices. Es mucha la gente que tiene lo que quiere y que, sin embargo, no es feliz.

La gratificación dura un rato hasta que deja de ser suficiente, es ahí donde el ego ya nos está pidiendo la próxima gratificación. No es el caso de la felicidad, que puede ser absolutamente perdurable. Nuestra actitud marca el tiempo de nuestra felicidad, el tan manido «y fueron felices para siempre» con el que terminan muchos cuentos no siempre es un cuento. Creer que la felicidad son momentos probablemente es un gran cuento.

Nada que proceda del espíritu puede ser reducido a momentos. El espíritu no conoce el tiempo; cuando conectamos con lo que somos, el tiempo deja de existir. Qué mejor ejemplo que cuando hacemos aquella tarea que nos apasiona: entramos en estado de «flujo» y perdemos toda conciencia del paso del tiempo.

La sabiduría es una gran aliada de la felicidad; a medida que crecemos aprendemos que aun lo malo y no deseado forman parte del proceso.

La periodista y escritora Rosa Montero lo explica muy bien en un artículo de la revista dominical del diario *El País*. Montero sostiene: «Prefiero recordar que un mal momento, un dolor o un disgusto pueden ser el comienzo de la carambola de la felicidad.»

Es la felicidad la que nos gratifica, las gratificaciones no bastan para alcanzar la felicidad. Una vida de satisfacciones no es suficiente para darse por satisfecho.

J. Krishnamurti dice que la felicidad es un derivado; tal vez ésta sea una gran diferencia con lo que muchas personas consideran que es la felicidad, a la que ven como un objetivo, o sea la mera obtención de aquello que se desea.

Volviendo a la música, a finales de los años setenta el británico Joe Jackson cantaba una pegadiza canción llamada: *No puedes obtener lo que quieres hasta no saber lo que quieres*. En la vida podemos obtener en muchos casos lo que nos proponemos; sin embargo, esto no garantiza que vayamos a ser felices.

En este punto podríamos hacer la siguiente diferenciación: para lograr gratificación, tenemos que saber lo que queremos. Para ser felices tenemos que saber lo que somos. Para poder ser. Esto último sería comparable con el descubrimiento de una de las recetas de la felicidad, esto es, averiguar quién eras, para qué has venido aquí, qué tienes que hacer aquí y, esto sí, iniciar aquello que tengas que hacer para ser.

No hay felicidad posible siendo infiel a uno mismo; tal vez ése sea el peor de los adulterios.

La gran transformación se da cuando uno es consciente de lo que ha venido a ser, es aquí donde dejamos de estar como simples observadores de nuestras vidas y empezamos a ser nuestras vidas.

La felicidad llega, no es «perseguible». Cuanto más perseguimos un objetivo probablemente más esquivo se torne.

El prestigioso director cinematográfico Mike Leigh, el mismo de la brillante *Secretos y mentiras*, arrasó con gran cantidad de premios con la película *Happy go lucky* (La felicidad trae suerte). El título de la película denota una enorme sabiduría. La suerte (en la que cada vez creo menos, vista como un hecho aislado y fortuito) es para la mayoría de las personas una herramienta fundamental para la obtención de la felicidad. Paradójicamente es la felicidad la que nos hace transitar por el circuito virtuoso y afortunado.

No conozco a nadie que tenga la «suerte» de ser feliz; la gente feliz es, en mi opinión, más sabia que «suertuda».

La suerte no trae felicidad, es la felicidad la que trae suerte. En *El combustible espiritual* aprendimos que recibimos lo que damos y que no podemos dar lo que no tenemos. La felicidad trae suerte porque las personas felices tienen felicidad para dar y por lo tanto reciben lo que dan: felicidad.

De igual modo, siguiendo el razonamiento anterior, la infelicidad es generadora de mala suerte, ya que el infeliz se ve imposibilitado de dar felicidad y por ende no puede recibir algo muy distinto de lo que ha enviado.

Así como la felicidad puede acompañarnos (salvo momentos extremos y excepcionales) de por vida, la infelicidad no tiene por qué ser nuestra compañera eterna.

Una organización denominada New Economic Foundation creó el índice internacional de felicidad (Happy Planet Index) en asociación con la agrupación ecologista Amigos de la Tierra. Entre otras cuestiones, este índice mide la felicidad producida en determinada sociedad o nación.

Cuando se observa el *ranking* de «países felices» nos encontramos con naciones materialmente prósperas que se ubican en muchos casos por debajo de otras mucho menos pudientes. Estos resultados nos permiten relacionar lo que sucede en el plano individual con lo que acontece en un plano general. Tener la vida económicamente resuelta no nos priva de experimentar angustias, sensación de vacío o insatisfacción. De igual manera esto se observa en la pluralidad.

Paradójicamente, a menudo sucede que los que más tienen sienten que son los que más necesitan, que lo obtenido no les resulta suficiente. Recordemos una vez más aquella definición que señala a la felicidad como la acción de saber cuándo es suficiente.

Si elevamos notablemente el nivel de exigencia, la felicidad se torna una utopía. A mayores expectativas, menor felicidad; la exigencia (expectativa forzada) nos aleja de la felicidad. Las expectativas que ponemos en la opinión que los otros puedan tener sobre nosotros suelen conducirnos a la decepción, al dolor y a la ira.

Para el ego, el elogio, las alabanzas y la adulación nunca serán suficientes para experimentar satisfacción. Sin embargo, la menor crítica o desaprobación del otro será suficiente para lastimarnos. Si durante el día nos pasaran nueve cosas buenas, agradables, amenas y una mala o desagradable, el ego se centraría en esta última.

La evaluación nos genera una dependencia tan grande como la imposibilidad de satisfacer siempre a nuestros evaluadores, a la postre devaluadores.

Entender que el único evaluador es Dios nos permitirá aquietarnos y en consecuencia acercarnos a la felicidad.

Es hora de acabar con intermediarios e interferencias. La conexión con lo que somos, la comprensión de nuestro propósito, hacer la voluntad del espíritu, vibrar con lo que hacemos, intuir la acción correspondiente y aprender que lo que me sucede es necesario para mi evolución espiritual, son mojones de este sendero hacia la libertad. Será muy difícil encontrar a quien pueda ser feliz si no es libre.

Volviendo al *ranking* de «países felices», cuando se observa que naciones desarrolladas tienen un nivel de felicidad inferior al de naciones pobres, recordamos aquella sabia definición que sostiene que es mejor ser un tipo pobre que un pobre tipo.

Cuando nos visitó en la radio Daniel Rotsztain, empresario de éxito y fundador de La escuela de alma, donde entre otras cosas se enseña cómo ganar dinero, hacer negocios y sentirse bien espiritualmente, señaló: «Confundimos lo que queremos con lo que sentimos, es decir, generamos una desconexión entre lo que somos espiritualmente y lo que queremos materialmente.»

En *La conquista de la felicidad*, Bertrand Russell hace una serie de recomendaciones que podríamos aplicar al concepto de reducción de las expectativas y autoexigencia.

Nuestros motivos no siempre son tan altruistas como nos parecen a nosotros.

No sobrestimemos nuestros propios méritos.

No esperemos que los demás se interesen tanto por ti como te interesas tú.

En muchas ocasiones las expectativas desmesuradas y la autoexigencia nos llevan al autoengaño.

Russell nos dice: No hay felicidad posible con el autoengaño, en el fondo uno sabe que las cosas no fueron como queremos autoconvencernos de que han sido. Las satisfacciones basadas en el autoengaño nunca son sólidas y requerirán de un autoengaño cada vez más nocivo. Por muy desagradable que sea la verdad, es mejor afrontarla de una vez por todas, acostumbrarse a vivir con ella y dedicarse a construir nuestra vida de acuerdo a ella.

Hace algunos años Joan Manuel Serrat popularizó aquello de «Nunca es triste la verdad, lo que no tiene es remedio».

No hay felicidad sin verdad, no existe otra felicidad que la verdadera, todo lo que sucede encierra una lección espiritual, falsear los hechos es no afrontarlos, no aceptarlos. Si cada hecho implica una lección divina, no entender una verdad y el propósito de la misma, convirtiéndola en una mentira, no hará otra cosa que alejarnos de la felicidad.

La verdad espiritual es la comprensión del propósito y del significado de lo que realmente me pasa; una interpretación arbitraria, mentirosa, profundizará mi felicidad.

J. Krishnamurti (elegido por la revista *Time* junto a la Madre Teresa, entre otros, como uno de los cinco santos del siglo XX) sostenía que el verdadero trabajo del hombre es descubrir la verdad. No hay felicidad verdadera sin la verdad que la origina. En la verdad y su descubrimiento está la misión, en la misión verdadera encontramos la felicidad. Cuando nos relacionamos de verdad con quien somos, somos felices.

La felicidad es estar haciendo una actividad a la vez que somos conscientes de ello al cien por cien, disfrutando de la acción sin especular con ser premiados por ella. Más sencillo aún: «Felicidad es también el resultado de vivir prescindiendo de los resultados.» Aquí podemos agregar: «Sólo aquello de lo que no estés pendiente te hará independiente»; la no dependencia se lleva muy bien con la felicidad.

Curiosamente, mientras escribo esto, desde la calle se cuela el sonido de un ladrido incesante; centrado en esa molestia sonora, mi creatividad declina.

Estoy pendiente, no me libero de esa carga. Cuando me independizo del monólogo canino, vuelvo a crear, a fluir, a escribir, a inspirarme. Me independizo, dejo el soy y vuelvo al ser.

La mayor felicidad a la que pueda aspirar el ser es la de unir su energía conscientemente con la de su creador, confundiéndose en una misma energía. En esta fusión cuesta discriminar entre creador y creado, entre padre y criatura.

No hay felicidad posible sin paz, no hay paz sin Dios. La felicidad depende más de nosotros que de los otros. Un ejercicio recomendable cuando nos sentimos desdichados es el de formularnos la siguiente pregunta: ¿cuánto hay de mí en mi infelicidad?

Aristóteles concebía la felicidad como el bienestar interior, como algo propio del alma. El alma es el aliento, el ánima (el ánimo), el movimiento.

Se suele calificar a los seres insensibles y agresivos como «desalmados». Personas sin alma.

En el mundo de la espiritualidad somos propensos a decir que no hay gente mala sino gente infeliz. Es el alma lo que nos hace ser quienes somos. Cuando no somos, somos infelices, situación que se remedia al ser quien realmente fuiste llamado a ser.

Es por esta razón que quien dice «quiero ser feliz», debería agregar «valga la redundancia». «Ser» y «ser feliz» es la misma cosa. Cuando nos visitó en la radio, en la sección de «El combustible espiritual», la doctora en filosofía Giselle Monges Almeyra dijo: «El espíritu es el ser mismo de cada uno que nos permite vivir con nuestras capacidades personales.»

La felicidad nace en el espíritu y muere en el ego. Cuando propicio mi espíritu, hago espacio para la luz, para poder trabajar en mis talentos personales, los dones naturales que me han sido dados para cumplir mi misión en la vida.

La felicidad tiene puerta de entrada por el espíritu, siempre se está a tiempo de volver a él. El despertar espiritual no es otra cosa que recordar lo que somos, momento en el cual volvemos a ser. Momento en el que nos volvemos a acercar a la felicidad.

La conciencia es la sede de la verdad de Dios en nosotros. Quien es consciente está alineado con la verdad; la conciencia es a la verdad lo que el espíritu es a la luz.

El regreso a las fuentes, a nuestro verdadero primer amor (tal vez ahora puedas entender aquello de que «siempre se vuelve al primer amor»), se da a través de nuestra conexión con la conciencia.

Damos lo mejor de nosotros, es decir, damos lo que somos y recibimos lo que damos. Nos re-unimos, nos re-ligamos (de ahí viene re-ligión) con nuestro creador.

Pasamos a ser instrumento de Dios, dejamos de ser temerosos para pasar a ser amorosos y conscientes.

En nuestro vínculo con la conciencia Dios se hace «presente» (presente por presencia y por obsequio). Se hace presente en el aquí y ahora (único tiempo y lugar que la conciencia registra). Ahí es cuando y donde recapacitamos y podemos reparar el daño que nos hicimos e hicimos.

Solemos hablar de conciencia tranquila pero la expresión más acorde tal vez sea la de conciencia expandida. A mayor expansión de la conciencia (recordemos que en ella se hace presente Dios), mayor espacio habrá para su luz, su amor y su paz. A mayor expansión de la conciencia, mayor dilución del ego.

La felicidad es cuestión de «tiempo»

La conciencia es el presente, la felicidad del «ahora», en este mismo instante. En su libro *Palabras para cada amanecer*, Hugh Prather dice: «La voz del pasado no es la voz de Dios.»

La felicidad no son, como nos han hecho creer, breves instantes. Cuando somos conscientes, cuando estamos en paz, cuando somos, el tiempo no existe y mucho menos el control del mismo.

A diferencia de la conciencia que vive en el aquí y ahora, el intelecto ama las cuentas regresivas y suele centrarse en la carencia.

El espíritu no sabe lo que es el tiempo, así como el ego no sabe lo que es la paz.

El espíritu es imperecedero, no sabe de cálculos y desconoce las cuentas. Como dice Hugh Prather: «El viaje de regreso a Dios es el viaje de regreso al ahora.»

Aprender este concepto nos ayudará a superar una gran barrera que suele impedirnos la felicidad; esa gran barrera es la melancolía.

Una vez que vibro y comprendo que la felicidad es ahora, dejo de añorar el pasado y salgo de la trampa del «qué feliz era...».

En mi caso tengo los mejores recuerdos del pasado, amo la música en general pero suelo elegir la de los años setenta y ochenta en particular.

Muchas veces me he descubierto añorando tiempos idos. Pero cuando reflexiono sobre esta sensación concluyo que el miedo juega un papel muy importante a la hora de la nostalgia.

Creo que añoramos aquello que probablemente en su momento no nos hizo tan felices, ni fue tan maravilloso. Hoy, desde la distancia, lo sobrevaloramos porque, para bien o para mal, ya pasó.

Al mencionar que aquello tal vez no nos hizo tan felices no significa que nos haya hecho desdichados sino que hoy sobrestimamos aquel hecho o circunstancia porque ya no lo tenemos que afrontar y porque para bien o para mal ya lo hemos superado. Hemos salido con vida, es decir, tenemos certeza de que después de aquello no nos morimos. A aquella situación añorada le sucedió la continuidad, la certeza de la vida y no el temor a perderla.

Por ejemplo, añoro cuando vivía en aquel apartamento hace diez años. Cuando residía allí tampoco las cosas eran ideales y seguramente tenía nostalgia del apartamento anterior a este que hoy añoro.

Todo tiempo pasado no fue mejor, simplemente fue pasado, fue atravesado.

El pasado puede generar culpas y arrepentimientos, pero no miedo a la muerte.

El pasado es una certeza, el pasado es cierto, el futuro es incierto. Del pasado con heridas, con traumas o con gloria «pasé», me libré. En cambio, del futuro... ¿quién sabe?, te murmura el ego una y otra vez.

Es muy importante vincular la felicidad con aquello que es, con lo que me sucede, en el momento presente, del que soy consciente que me está sucediendo.

La felicidad no es lo que fui, la felicidad no es lo que seré. La felicidad es presente, la felicidad es ser.

La felicidad, ja, ja, ja, ja, no me la dio tu amor

La espiritualidad es la llave del tesoro de la felicidad. El ego podrá darnos algún motivo (aunque para él resultará insuficiente) para estar contentos;

el impulso podrá otorgarnos algún momento de euforia; pero ni estar contento ni estar eufórico te proporcionará felicidad perdurable.

La felicidad es hija del ser, de la paz y de la compasión. La euforia vendría a ser hija del ego y hermana de la culpa.

Habitualmente, una vez pasada la euforia, suele venir el bajón. La euforia es efímera y el bajón posterior recurrente. La euforia suele ser el corolario de una victoria, del hecho de habernos quedado con algo que otra persona u otras personas también anhelaban poseer.

La felicidad es otra cosa, es paladear la consecuencia agradable del proceso, es ser más sin que el otro tenga que ser menos o que tenga que dejar de ser.

La auténtica felicidad no genera culpas. Lo alcanzado por nosotros no implica lo perdido por los otros.

La propia felicidad no necesariamente debe significar la infelicidad ajena. La propia felicidad es volver a ser uno para dejar de ser infeliz. Recordemos una vez más nuestra condición de seres espirituales que estamos viviendo una experiencia humana.

Los seres espirituales no podemos ser felices sin ser lo que somos. Una vez más comprendamos que prescindiendo del espíritu no hay felicidad posible.

Una de las conductas que más nos alejan de la felicidad es buscarla en los otros. Poner nuestra posibilidad de alcanzar la felicidad en nuestra demanda hacia el otro es una acción característica de la neurosis. Es decir, aquellos actos que repetimos y que inevitablemente nos llevan hacia la infelicidad.

Más allá de cómo actuamos, a la mayoría de nosotros no nos gustaría ser «otro mismo» sino «uno mismo». Alguna vez durante una discusión con mi pareja de la que fue testigo un amigo, éste me dijo: «No la conviertas a ella en ti; si ella pasa a ser tú, ¿quién hará de ella?»

No confundamos el papel del otro en la ruta hacia nuestra felicidad. Una vez más recurro a Hugh Prather, quien dijo: «Las demás personas son nuestra oportunidad de ofrecer lo que somos.» Es interesante destacar que se habla de ofrecer lo que somos, no de pedir al otro que sea lo que somos.

Cada día comprendo un poco más que «Lo que soy es lo que doy». El notable Wayne Dyer nos recomienda: «Disfruta de todo, pero nunca hagas que tu felicidad o tu éxito dependan del apego a una cosa, a un lugar y especialmente a una persona.» Podríamos reforzar lo dicho, recordando que el verdadero amor es amar a una persona por lo que es y no por lo que uno creía que debería ser.

La felicidad y la especulación no congenian, no especules. Nadie será infeliz por haber sido o por haber dado. La infelicidad no es consecuencia de ser o dar, ser quien realmente eres o dar lo que tienes para dar no convierte a la gente en infeliz. Por el contrario, la infelicidad viene por esperar del otro, por depender del otro, de su ser y de su dar.

Siempre es bueno reiterar que todo concepto está limitado por otro concepto y mucho más en cuestiones como lo espiritual y lo humano en general, que no es precisamente una ciencia exacta. No pretendo ser necio y sé por experiencia propia que el amor no correspondido o la ausencia de un ser querido son ideales para conocer la infelicidad.

Pero más allá de estas circunstancias, más o menos superables en el tiempo, siempre es mejor que nuestra paz interior y nuestra felicidad no estén en manos de otra persona.

Una vieja expresión latina: «*Nemo moritur nisi sua morte*» (Nadie muere sino de su propia muerte) podría ser completada con: «Nadie vive sino de su propia vida.»

Aun para aquellos que no manifiestan interés en el mundo espiritual es bueno tener en cuenta que la felicidad es más probable cuando se la acompaña de gestos amistosos y amables.

Bertrand Russell decía que la felicidad básica depende sobre todo de aquello que llama «Un interés amistoso por las personas y las cosas». Acerca de las primeras decía: «El que me gusten muchas personas de manera espontánea y sin esfuerzo es tal vez la mayor de todas las fuentes de felicidad personal.»

Cuanto más amplio sea el interés que pongamos en la vida y cuanto más amables y amistosas sean nuestras reacciones con hechos y personas, mayor felicidad nos traerá.

La amabilidad, bajas dosis de hostilidad, reducción de expectativas, no vivir esperando tanto de la vida, o en todo caso no exigirle más de lo que ésta pueda darnos, aparecen como pasos firmes hacia la felicidad. Según Russell, pedir demasiado es el método más seguro para conseguir menos de lo que sería posible.

Es más fácil ser amable cuando se es entusiasta. En la antigua Grecia se consideraba el entusiasmo como el motor de la vida. El entusiasmo es una característica que distingue en todas partes a las personas felices.

Es la voluntad la que hace posible el entusiasmo perdurable y no ciclotímico. No se trata de la voluntad de la razón, sino de la del espíritu. Cuando nos guiamos por ella los altibajos emocionales son menos frecuentes, ya que el entusiasmo propio del espíritu (inspirador) permanece mucho más que el entusiasmo de la motivación, el que se ve condicionado a circunstancias a las que llamamos motivos.

Combinar el entusiasmo con la habilidad o don es una acción que nos conduce a la felicidad. Decimos habilidad, es decir, el don con el que Dios nos ha habilitado para cumplir nuestra tarea. Esta habilidad malversada por el ego se desvanece y nos hace sentir inhabilitados, es decir, infelices.

Una cuestión de «dignidad»

Para el ego nunca somos dignos de lo que tenemos; por lo tanto, su visión sobre nosotros se ve afectada por este pensamiento de carencia. El ego siempre nos piensa como insatisfechos, eso es lo que él piensa que somos. Impostores, que recibimos más de lo que merecemos y menos de lo que necesitamos.

En mi caso siento que me «tuteo» con la felicidad desde que me siento digno de ser amado, de ser aceptado, de ser respetado y, ¿por qué no?, de tener éxito. Pero no siempre ha sido así. Durante muchos años el ego me ha hecho sentir indigno y muy culpable de lo que era, de lo que daba y de lo que recibía.

Hoy ya no me siento así, el impostor dio paso al merecedor. Ya no tengo la ansiedad de aquel al que la cosa le va bien y quiere aspirar a tenerlo todo antes de que se termine la buena racha.

Cuando la gente dice que se indigna, lo que está haciendo es salirse de quien realmente es, vistiendo otras ropas y calzando otros zapatos. En ese caso el ser se siente indigno, incómodo, no sólo vistiendo otras ropas sino viviendo en otro cuerpo.

Recuperar la dignidad es volver a vibrar con lo que eres en perfecta armonía con lo que te pasa. Tal vez lo más indignante es pasarse la vida entera detrás de aquello de lo que no nos sentimos dignos y sentir una y otra vez que nada de lo que recibimos se parece a lo que realmente deseábamos.

Me gustaría explicarte mi concepto del «además». Quien hace aquello que ama se puede considerar una persona feliz y exitosa. Si «además» con esto llega el éxito material, la popularidad y cierta trascendencia, será para que Dios pueda utilizarlo como instrumento de su divinidad y no de la del ego.

Mi concepto del «además» incluye un consejo práctico, en mi opinión muy necesario para ser feliz: «Nunca negocies ni el cómo ni el qué, simplemente negocia el además.»

Es muy frecuente que quienes logran ser muy famosos, firman grandes contratos y reciben grandes atenciones, se sientan impostores y no merecedores de tales beneficios. Estas personas se sienten culpables, como si lo suyo fuese un fraude que la gente en cualquier momento descubrirá. Es así como se sienten cada día más miserables y los beneficios terminan siendo notablemente inferiores (aunque generalmente no se perciba) a los perjuicios. Cuando esto sucede, aun las fortunas materiales más suculentas no son suficientes para financiar los perjuicios emocionales y espirituales más elementales.

Como diría mi maestra Beatriz Berro, «Dos ojos no bastan para llorar lo suficiente».

El impostor, o quien así se siente, no puede ser feliz, se siente atrapado en una vida prestada. En ese estado no puede ser consciente de su misión, no puede comprender el propósito de su «éxito». Es así como se refugia en el cinismo, en el sarcasmo y otros «caldos del ego» que lo hunden en la infelicidad.

El «irónico» y genial Groucho Marx dijo: «La felicidad está hecha de pequeñas cosas, un pequeño yate, una pequeña mansión, una pequeña fortuna.» Independientemente de lo ocurrente de su frase, queda claro que el tamaño de la posesión no determina el tamaño de la felicidad. Tal vez el único tamaño determinante a la hora de la felicidad sea el de la dignidad que siente quien recibe o posee el bien en cuestión.

Un jueves nos visitó en la radio Pablo Nachtigal, el psicólogo clínico y estudioso de la Cábala, quien me enseñó algo que creo oportuno incluir en este capítulo. Pablo me dijo que las personas son como vasijas. En espiritualidad solemos decir que somos recipientes de Dios. Pues bien, muchas veces recibimos más líquido del que nuestra vasija (envase, recipiente o continente) pueda contener.

Nuestra misión es ensanchar nuestra propia vasija para inundarnos de aquello que deseamos fervientemente, pero sintiéndonos dignos de ese líquido, para que después no nos ahogue. En *El combustible espiritual* tocamos este tema ampliamente en el capítulo «Cuidado con lo que te propongas, porque lo puedes lograr».

Ser dignos de lo que somos y recibimos ensancha nuestra vasija y nos hace merecedores de ese fluir divino. Así como el merecedor ensancha su vasija, el impostor ensancha su ego y se ahoga en el líquido de su supuesto «éxito» y su supuesta «riqueza».

Mientras escribo, observo el fuego de la chimenea en el atardecer de un sábado frío en la atmósfera y cálido en mi alma. Soy feliz escribiendo sobre felicidad, coincido con Bertrand Russell en que la persona feliz tiende a adoptar un credo feliz.

Creo en la felicidad, pero lo que es mejor es que siento la felicidad de ser feliz y apuntar a que puedas serlo. No considero este libro como teórico, sino un libro práctico que no habla de lo que quisiera ser sino de lo que la vida me regala para ser.

Buda dijo alguna vez que si un hombre habla o actúa con pensamiento puro, la felicidad lo sigue cual sombra que nunca lo abandona.

Prueba de la felicidad

Te planteo una especie de juego, una especie de «prueba de la felicidad». Ésta consiste en entrenar nuestra actitud frente a las circunstancias. Concretado este paso, las circunstancias van perdiendo complejidad, primero porque una actitud de entrega y aprendizaje las hace más llevaderas y segundo porque un ser que acepta y afronta aquello que le pasa, ya no debe ser evaluado en la «prueba de la felicidad».

Si bien es más agradable protagonizar hechos «alegres» en lugar de «tristes», no es cierto que necesariamente la felicidad proceda linealmente de lo que consideramos a priori bueno o de lo que deseamos para nosotros.

Pasar la «prueba de la felicidad» es no caer en el síndrome «del día que me quieras», que nos hace condicionar a un solo hecho o a una sola persona la obtención de la felicidad, con el agravante de que esa persona es otro, no soy yo.

Propiciar una felicidad posible desde el «adentro», no condicionada en extremo al «afuera», a la dependencia del suceso, tal vez sea el primer paso para obtenerla y dejar de estar a prueba.

El ego suele ser funcional a la infelicidad, el ego tiene para obsequiarnos un «campo de concentración interior». Imaginemos por un segundo a una persona cualquiera, alguien que según los parámetros utilizados por la sociedad moderna ha «llegado». Supongamos que es exitoso, millonario, le sobra fama, sexo, conquistas sociales. Sin embargo, este «exitoso» al terminar cada jornada debe volver a un campo de concentración. Sé que el ejemplo suena muy duro, en particular para quienes hayan estado en un lugar así o para sus descendientes, pero recurro a este cruel ejemplo para ilustrar lo que le sucede a mucha gente aparentemente «exitosa», cuya herida interna no cicatriza.

Buscar en el «afuera» una permanente compensación material al desasosiego interno, siempre resulta insuficiente. Más allá de lo que obtengan ese tipo de personas, vuelven irremediablemente cada día a su «campo de concentración interior».

No hay felicidad posible, no hay cielo posible si el «adentro» se asemeja al infierno. La felicidad nos llega desde nuestra conexión con quien nos ha creado. El auxilio de Dios nos llega únicamente por vía del espíritu. «Dios no habla en ego, no insistas.»

La espiritualidad nos permite aprender qué es aquello que nos hace sentir realmente felices; sin aprenderlo nuestras oportunidades de serlo serán ínfimas. Alguna vez me dijo Doug Stephenson, profesor de la Universidad de Brama Kumaris: «Nuestro estado original es de pureza y felicidad, sólo queremos volver a esa paz y felicidad que experimentamos antes, en origen.»

La paradoja de la felicidad

Nos pasamos la vida trazándonos metas y objetivos que supuestamente nos harán felices, cuando es la felicidad la que nos hará lograr esas metas y objetivos.

La felicidad es el medio para tus fines, no el fin. La felicidad es ir, no llegar; «ir» es propio del espíritu, «llegar» es una acción propia del ego.

En el mundo espiritual no hay control del tiempo, no hay victorias ni derrotas, en todo caso la llegada marcaría el final y, como bien sabemos, el mundo del espíritu es imperecedero.

La felicidad es posible cada día, la felicidad te acompaña en el trayecto, en el proyecto, en la participación. Quien no disfruta de participar (ser parte) no podrá disfrutar de ganar.

En espiritualidad, el orden de los factores sí altera el producto. Comprendemos y somos comprendidos, damos y recibimos, aprendemos y enseñamos, en ese orden: así es el ciclo, ésa es la secuencia.

Ángeles Ezcurra, vieja compañera del sendero espiritual, hoy residente en la ciudad de México, autora del libro *Un camino compartido*, me dijo, «venimos a dar enseñanza y a recibir aprendizaje».

Lo mencionado anteriormente acerca del orden de los factores, podría sintetizarse en una de las máximas de *El combustible espiritual*: «Haz lo que corresponde y serás correspondido.»

La felicidad es el medio para disfrutar y no debe convertirse en el miedo a disfrutar. Muchas personas temen que si son felices ahora y disfrutan, deben apurarse a disfrutar porque la felicidad se desvanecerá en cualquier momento.

La paz te conduce por el camino de la felicidad, estar en paz con nosotros y con los otros no es la mera ausencia de conflicto sino la toma de conciencia de la innecesaria existencia del conflicto. O sea que no sólo hay ausencia de conflicto, además no sentimos la necesidad de tenerlo o crearlo.

La satisfacción que nos da el tener la razón suele disfrazarse en cierto sentido de una sensación semejante a la felicidad, una felicidad ficticia y efímera. Ya que una vez agotado su efecto buscaremos volver a tener la razón, con el desgaste de energía y exhibición que ello implica.

Quien disfruta de la felicidad de participar también es feliz cuando gana. Quien no disfruta de ser parte no lo hace cuando gana, que no es otra cosa que obtener la totalidad de las partes. Una vez más retornamos al orden de los factores, que aquí sí altera el producto. La felicidad es el principio, pero también la lógica consecuencia.

Alguna vez leí una frase que me parece oportuno compartir en este punto; dice: «Cuando ponemos el alma en aquello que hacemos, trascender deja de ser el objetivo, para convertirse en una natural e inevitable consecuencia.» Debo admitir que me siento absolutamente identificado con esta sentencia, que en mi caso, Dios mediante, es un hecho recurrente.

La felicidad es el piso inmediatamente superior al de la paz interior; la segunda anuncia la llegada de la primera. En su libro *Cómo ganar felicidad*, Tal Ben Shahar dice: «El alivio que sentimos por conseguir algo que no podíamos alcanzar no debe ser confundido con el hecho de ser felices.»

El alivio suele ser pasajero: una vez superado el obstáculo que nos inquietaba, terminamos por adaptarnos a la ausencia del mismo dando por sentado el logro y encaminándonos a la búsqueda de un nuevo episodio u obstáculo del cual después podamos aliviarnos. La felicidad no se trata precisamente de eso, el alivio es inicialmente una sensación intensa que tiende a desvanecerse rápidamente.

El concepto de felicidad perdurable implica todo lo contrario, digamos que el alivio es haber cambiado la rueda pinchada por la de recambio. Celebramos y, por qué no, agradecemos salir de una situación desagradable, pero esto no es más que la resolución de algo molesto pero no demasiado trascendente.

Más allá de lo que muchas veces pensamos, la ausencia total de sufrimiento (si existiese esta posibilidad) acompañada de una total sensación de placer no son garantes de obtención de felicidad.

El placer en sí mismo necesita del complemento del propósito, una vida placentera se ve necesitada como cualquier otra de un significado. La espiritualidad es propósito más visión, la espiritualidad permite la llegada de la felicidad al dejar de lado el concepto utilitario del fin y su reemplazo por el de la finalidad.

La felicidad puede convivir tranquilamente con el placer, pero éste debe combinarse con el propósito de una vida con significado. Así como la felicidad convive con el placer, el placer por sí solo no puede señalar igual relación con la felicidad.

Es común que nos hayan inculcado que uno de los placeres máximos de la vida es el de «llegar». No obstante, disfrutar la vida es disfrutar del trayecto; éste no es otra cosa que la vida, que nuestra trayectoria. Deseamos a los otros y a nosotros felicidad, solemos decir a nuestros afectos que sean felices; ese deseo implica que lo sean por el resto de su vida, por el resto del trayecto y no sólo cuando lleguen al final del camino.

Limitar la felicidad al logro y no a su preparación nos quita una enorme dosis de dicha; al regresar de un viaje muy ansiado añoramos aquella experiencia y miramos con nostalgia los días en que nos preparábamos para vivirla.

En nuestro trayecto tendremos que atravesar rutas asfaltadas y caminos de tierra, habrá tramos mejores y tramos peores, jornadas de mayor o menor visibilidad, compañeros de ruta leales y otros no tanto. Cada una de estas situaciones no serán tan determinantes como la forma en que las acompañamos y afrontamos. Nuestro «marcador» de felicidad mostrará diversos niveles en función de nuestras actitudes.

Durante el viaje podremos recurrir a nuestro GPS espiritual, nuestro navegador intuitivo, que nos guiará hacia el propósito de nuestro viaje en el camino de la felicidad. La intuición y la persecución del sueño propio van marcando el sendero. Decía Antonio Machado: «Caminante no hay camino, se hace camino al andar.»

La felicidad requiere más de viajes significativos que de llegadas exitosas. El hombre no es una anécdota, es una trayectoria.

El «día mesías»

Durante muchos años fui víctima de una espera inútil, la espera de la llegada del «día mesías», el día en el que mi vida cambiaría para mejor para siempre, el día que sucedería algo fortuito, providencial que me haría inmensamente feliz.

Recuerdo que a esa situación afortunada y decisiva solía compararla con la sensación de «tener un golpe de suerte». En aquellos tiempos estaba convencido de que la vida eran «momentos», desconocía que la vida es un proceso constante de hechos sucedidos por nuevos hechos relacionados con los anteriores.

Ingenuamente esperaba aquella llamada, aquel encuentro que me tornaría una persona feliz. Tener un golpe de suerte, dejar de ser un perdedor, etc., sucedería el día tan esperado, el «día mesías».

Todavía recuerdo aquellos viejos contestadores automáticos en tiempos en que no había correo electrónico ni teléfonos móviles en los que buscaba la «llamada de mi vida», ya fuera laboral o del ámbito sentimental. Sigue fresca en mí la decepción que me causaba encontrarme con ese cero en la pequeña pantalla luminosa.

Llegué a pensar que la infelicidad, el dinero y el éxito no podían ser incompatibles. Este pensamiento se veía notablemente influido por el hecho de que trabajaba en el mundo de la radio y la televisión, donde colegas contemporáneos a los que mi ego no juzgaba como excepcionales o extraordinarios eran cada vez más ricos y cada vez más famosos y desde mi acotada óptica cada vez más felices.

Vuelvo a abrir el libro de Tal Ben Shahar que dice: «El éxito, el dinero y la fama están por debajo de la felicidad, el verdadero valor del éxito, la fama y el dinero se basa en la falsa creencia de que nos harán felices por sí mismos.»

Hoy creo en una regla de oro para la obtención de la felicidad: a quien se sienta digno merecedor de lo logrado por más grande que esto pueda parecerle y si aquello que ha logrado tiene un significado en su vida, la felicidad le resultará inevitable.

Nuestros logros personales y materiales pueden ser una contribución o un estorbo para nuestra felicidad. Afortunadamente el hecho de que lo logrado, por ejemplo el dinero, te ayude o estorbe tu felicidad, no depende del dinero sino de ti mismo que eres quien lo usa.

Es el poseedor quien controla el interruptor de la felicidad, y no es la posesión la que está al mando de los controles. Es popular la frase que sostiene que el dinero no lo es todo, pero... ¡cómo ayuda! Podríamos agregarle que en muchos casos el dinero no lo es todo, pero... ¡cómo estorba!

Tal como he comentado antes, durante muchos años viví pendiente de tener un «golpe de suerte», pero paradójicamente no hacía otra cosa que recibir los golpes que el ego me propinaba con su habitual crueldad.

Con el transcurso de los años, aún bajo el influjo del ego, quise creer que había tenido un golpe de suerte y que el «día mesías» por fin había llegado. El hecho de haber firmado un contrato notablemente superior en remuneración a lo que venía percibiendo, «pagarlo» o devolverlo con creces con extraordinarios índices de audiencias, o haber llenado mi vitrina de premios, alimentaron aquella fantasía.

Sin embargo, la felicidad perdurable no tocaba a mi puerta, mi ego se expandió y mi cuerpo también; esto último literalmente, llegué a estar quince kilos por encima de mi peso recomendable.

No tenía paz, vivía a la defensiva, y era mayor el temor que tenía por mantener lo logrado que el placer de poder disfrutarlo. Padecí el síndrome del «impostor», no me sentía interiormente merecedor de todo lo bueno que materialmente recibía.

Había días que el ego me «decía» que era el mejor y me hacía sentir como tal; sin embargo, poco después experimentaba una sensación totalmente opuesta y me preguntaba a mí mismo, con angustia, cómo era posible que mis jefes aún quisieran contar con mis servicios.

He aprendido que no es posible la felicidad si aquello que buscamos, por más grande que pueda parecernos, no trae a nuestra vida la paz interior que sólo proporciona aquello que sana nuestra herida interior en lugar de profundizarla. Si aquello «grande» que buscas viene acompañado de paz y sanación, no será grande, será grandioso.

Seamos nosotros, «además» que los otros sean

No es recomendable, a la hora de salir al encuentro de la felicidad, perseguir objetivos ajenos; sí lo es vibrar con sueños propios. La felicidad se hace presente merced a propósitos que nacen de nosotros y no de la necesidad de demostrarle algo a los otros. Arthur Schopenhauer, en su libro *El arte de ser feliz*, mencionaba «la triste esclavitud de estar sometidos a la opinión ajena». Tal vez pienses que no hay una fórmula para ser feliz, pero sí hay una regla de oro para ser infeliz: intentar gustarle o caerle bien a toda la gente.

No hay necesidad de impresionar a los demás, la felicidad no requiere como condición imprescindible la aprobación ajena. En el libro anterior te hablé del «propósito interno», que es la intención del espíritu, una especie de voluntad de nuestra esencia divina.

El propósito interno aliado al propósito externo permite la prosecución y concreción de objetivos autoconcordantes. No es lo mismo fluir que fingir; me permito proponer un ejemplo un poco audaz: no es igual lo que experimenta una mujer que finge el orgasmo que otra que experimenta la sensación de bienestar que trae el estado de flujo del clímax real.

Fluir es como protagonizar la película de nuestra vida: digo protagonizar y no actuar. En la película de nuestra vida, «hacemos» de nosotros mismos, fluimos e influimos, somos nosotros.

Volviendo al concepto de propósito interno vinculado con el externo, podríamos revisar la siguiente definición: «La felicidad se alcanza mucho más fácilmente cuando aquello que nos proponemos se alinea con nuestro propósito interno o misión intrínseca.»

En el capítulo dedicado a las sincronías, observaremos cómo las coincidencias significativas se encargan de alinear el propósito interno con el suceso real.

El profesor de la Universidad de Harvard Tal Ben Shahar, encargado del curso de Psicología Positiva, sostiene que la felicidad debería condicionar todos nuestros actos y tendría que ser el objetivo último hacia el que dirigiéramos todos los otros objetivos de la vida.

En *El combustible espiritual* conté que Gustavo Bedrossian lleva en su cartera un pequeño papel con una descripción de lo que considera su misión en la vida (propósito interno), la cual consulta para saber si alguna oportunidad que se le presenta como una oferta laboral, una nueva actividad, un negocio atractivo, algo muy tentador, es compatible con aquella misión.

Tanto Ben Shahar como Bedrossian son psicólogos seguidores de la corriente positiva, y no sorprenden las coincidencias anteriormente señaladas. Condicionar una decisión a que sea funcional a tu propósito interno es condicionar nuestra acción a la felicidad, esto es, entender que la felicidad es nuestra misión en la vida. Es tiempo de averiguar qué te hace realmente feliz; una vez que lo sepas estará en marcha tu misión en la vida. No esperes más al día que..., no aguardes más por el «día mesías». Jiddu Krishnamurti dijo alguna vez: «El hombre que confía en el tiempo como medio para conseguir su felicidad, vive en la ignorancia y por lo tanto en el conflicto.»

Condicionar nuestra felicidad al tiempo es tan erróneo como condicionar nuestras acciones a los logros que éstas puedan generar para ser felices. Tal vez estemos a tiempo de entender que la felicidad es el logro que permite alcanzar todos los otros logros.

Descartes decía «pienso, luego existo»; pues bien, podríamos decir «soy feliz, luego triunfo». El ego nos acostumbra al famoso dicho «ver para creer»; en este caso podríamos cambiarlo por «ser para triunfar».

Tal vez ya te has cansado de la felicidad «zanahoria», aquella que se ve condicionada a la llegada del próximo logro, a la concreción del próximo deseo. Bastará alcanzarlo para que nos sintamos nuevamente insatisfechos y activemos el proceso por el cual sujetaremos la vuelta de la felicidad a la necesidad de morder la próxima «zanahoria».

La felicidad es hoy, no puede quedar limitada a sólo un par de jornadas memorables en toda una vida; la felicidad es hoy, no el día que me gradué, el día que me quieras, el día que me toque la lotería.

Lo ocasional, lo excepcional o lo extraordinario como motor de la felicidad deben dejar paso a lo habitual, lo general y lo ordinario, para poder alcanzar la felicidad de ahora en adelante.

La gente feliz es feliz día a día, el don que Dios nos dio nos acompaña todos los días al igual que el afecto de nuestros seres queridos o la posibilidad del aprendizaje, del progreso y del altruismo.

No estaría mal cambiar el mandato muy arraigado que nos acompaña desde hace años cual mantra y que dice: «Voy a ser feliz el día que...» por «voy a ser feliz el día de hoy». No se trata de un acto forzado, se trata de aceptar y confiar, de hacer y entregar.

La imposición es una preocupación más de las tantas que nos obsequia el ego controlador del tiempo. La preocupación es mañana, la felicidad es la ocupación de hoy. Hay que reemplazar las preocupaciones por las ocupaciones. La preocupación es hija de la ansiedad; cuando estamos ansiosos pretendemos adelantarnos a Dios, dando por sentado aquello que aún no ha ocurrido y que no tenemos certeza de que vaya a ocurrir. Muchas veces mi condición de preocupado, mi angustia «anticipatoria» me ha hecho penar en vano por un hecho que finalmente no fue como mi preocupación amenazaba que iba a ser.

Tal vez el consejo sea «manos a la obra» en lugar de «manos a la cabeza»; busquemos un propósito acorde a lo que somos en lugar de un reconocimiento acorde a lo que los demás quieren que seamos.

Aunque nos digan «mucho gusto», no siempre será así

La espiritualidad es una gran herramienta para la obtención de la felicidad; aceptar que hay cosas que no dependen de nosotros es un gran paso para reducir una enorme fuente de ansiedad. No podemos gustar siempre a todo el mundo, no tiene sentido poner nuestro valor en manos de tantos «cotizadores». Recordemos una vez más que el ego otorga, aunque parezca todo lo contrario, mayor valor a la opinión ajena sobre nosotros que a la propia, y que para compensar ese descubierto interno nos convierte en petulantes que necesitamos hacerle ver a los otros —con nuestros discursos, conductas y alardes— cuán buenos e importantes somos en todo aquello que hacemos.

A diferencia del ego, la autoestima «vive» de la aprobación interna y suele fortalecerse cuando el ego se debilita. La autoestima no tiene nada que demostrar, el ego tiene todo para ostentar.

Sólo buscando el reconocimiento y la aprobación de los demás, la obtención de nuestra felicidad quedará en manos de los otros. Dijo Mahatma Gandhi: «Eres feliz cuando lo que piensas, lo que dices y lo que haces están en armonía.»

Dejar de ser felices a la espera de aquel acontecimiento extraordinario ya nos ha hecho perder un montón de tiempo aguardando por el día que... La gente más feliz no es la que tiene lo mejor de todo, sino la que hace lo mejor posible con todo lo que tiene.

2
UN CURSO MILAGROSO: GRACIAS A DIOS ERAN ATEOS

Desde hace aproximadamente veinte años consulto a quien se ha convertido en mi maestra espiritual, Beatriz Berro, a la que siempre le estaré agradecido por haberme iniciado en este camino. Fue ella la primera persona a la que oí hablar de *Un curso de milagros*.

Admito que al comienzo la sola mención de *Un curso de milagros* me generó desconfianza, y el título me sonó demasiado presuntuoso. Por aquellos días mis conocimientos y lecturas en materia espiritual eran escasos —tampoco hoy son tan abundantes— y mi ego estaba inflado.

Algunos años después pude disfrutar de extraordinarios libros de divulgadores espirituales que tomaron las enseñanzas de *Un curso de milagros* para la escritura de sus propias obras. Por ejemplo, Wayne W. Dyer y Marianne Williamson.

Acerca del primero, en más de una ocasión he manifestado mi admiración y mi gratitud; en cuanto a Marianne Williamson, su libro *Volver al amor* es una maravilla a la que considero de lo mejor que se pueda leer como superación personal. Williamson cuenta su experiencia tras el primer contacto que mantuviera con un ejemplar de *Un curso de milagros* y la decisión de leerlo. Entre una y otra circunstancia pasaron cuatro años; cada vez que estaba a punto de leer el libro, su ego se las «ingeniaba» para encontrar excusas destinadas a demorar la lectura.

Según cuenta la autora, *Un curso de milagros* cambió su vida. Había sido criada bajo la idea de que Dios era una muleta que ella no necesitaba. Le habían inculcado que ese Dios dejaba morir de hambre a los niños, que permitía que la gente muriese de cáncer y que no había hecho nada para evitar la muerte de millones de personas en el Holocausto. Ella misma lo describe así: «Me consideraba muy instruida como para creer en Dios.»

Corría 1977 cuando Marianne Williamson vio por primera vez en la casa de un amigo, en la ciudad de Nueva York, un ejemplar de *Un curso de milagros*. Su primera reacción no fue muy distinta de la mía: desde el título, le pareció un libro «arrogante».

Con el tiempo Williamson se convertiría en una de las grandes difusoras en todo el planeta de este libro extraordinario. En *Volver al amor*, ella sostiene que *Un curso de milagros* fue su maestro personal, su senda de salida del infierno: «Al estudiar el curso, se desataron en mi interior enormes cantidades de energía.»

¿Qué es *Un curso de milagros*?

Un curso de milagros es una obra distribuida en tres libros, un programa autodidáctico de psicoterapia espiritual que no pretende tener el monopolio de Dios.

La historia de quienes lo escribieron, o de quienes dejaron que el libro se escribiese a través del dictado del Espíritu Santo, tiene semejanzas significativas con la historia de la mencionada Marianne Williamson. Son personas instruidas, intelectuales, ateos —en general gente muy racional— que vieron sus vidas transformadas. En el caso de Williamson por la lectura y posterior difusión de *Un curso de milagros*, y en el caso de Helen Shucman y William Thetford, merced al dictado interno recibido y su posterior escritura.

Helen y William eran catedráticos de Psicología Médica de la Facultad de Medicina y Cirugía de la prestigiosísima Universidad de Columbia. No eran precisamente personas espirituales, la relación entre ambos era tensa. El ego los hostigaba, vivían muy pendientes de su reputación y aceptación a nivel personal y profesional.

En el prefacio de la edición de 1977 de *Un curso de milagros*, como respuesta a muchas solicitudes, Helen Shucman se define como psicóloga y educadora intelectualmente conservadora y atea. En el relato agrega que hubo un hecho que precipitó acontecimientos en su vida que jamás hubiera podido predecir.

«El jefe de mi departamento anunció inesperadamente que estaba cansado de los sentimientos de ira y agresividad que nuestras actitudes reflejaban y concluyó diciendo que tenía que haber otro camino.» Ese otro camino resultó ser *Un curso de milagros*.

Meses después, Helen comenzó a tener sueños de elevado simbolismo; simultáneamente experimentó la extraña sensación de sorprendentes imágenes que la acechaban.

Poco después comenzó a escuchar «la voz», el dictado interno que, junto a su compañero, iba anotando taquigráficamente. Helen interpretó la situación, que por momentos la incomodaba mucho, como una misión especial que en algún lugar ella había acordado llevar a cabo. Helen y su compañero —que tanto habían chocado hasta ese momento— se encontraron de pronto trabajando juntos: ella anotaba lo que la voz le decía y él lo pasaba a la máquina de escribir. Dedicaron siete años a este proceso, entre el texto, el libro de ejercicios y el manual para el maestro.

El libro tiene como único propósito ofrecer un camino para que algunas personas puedan encontrar su propio maestro interno. Con mucha humildad quisiera destinar este capítulo para repasar algunos conceptos del maravilloso *Un curso de milagros*, al que calificaría sin ánimo de herir susceptibilidades, como «la biblia» de los libros espirituales.

Un curso de milagros y yo

En mi caso adquirí el libro hace tres años, en una librería de la Avenida Cabildo en el barrio de Belgrano de la ciudad de Buenos Aires. Recuerdo que entré al local interesado en algún libro de espiritualidad. Mis ojos se posaron en una tapa azul con letras doradas que rezaban *Un curso de milagros*; se trataba del único ejemplar disponible en ese inmenso local atiborrado de libros. Más allá de que su precio superaba ampliamente al promedio de otras obras, no dudé en comprarlo.

Durante mucho tiempo lo tuve sobre mi escritorio y de vez en cuando lo iba consultando pero no en su totalidad. Pido disculpas a los especialistas e instructores de *Un curso de milagros*, ya que sin pertenecer a ninguno de esos grupos, me permito hablar de esta obra en mi libro. Sólo quiero ser un puente para que más personas puedan encontrar respuesta a cuestiones que a diario los afligen. El curso nos enseña que el pecado es la falta de amor, un error que necesita corrección y no algo perverso que merece castigo. Es interesante recordar que llamamos correccionales a las cárceles, más allá de que están lejos de corregir algo.

En el capítulo anterior he comentado que nuestra felicidad no puede depender de los otros. *Un curso de milagros* explica que buscamos en los otros lo que consideramos que nos falta a nosotros. Amamos al otro con el objetivo de ver qué podemos sacar de él; esto es lo que en el mundo de los sueños (mundo de la percepción) llamamos amor. Pocas veces incurrimos en un error mayor; el amor es incapaz de exigencia alguna.

Un curso de milagros nos enseña sobre el perdón, que es algo desconocido en el cielo, donde es inconcebible que se pueda necesitar; sin embargo, deja en claro que en este mundo el perdón es una corrección necesaria para todos los errores que hemos cometido. Al perdonar a otros, nosotros mismos podemos ser perdonados; esto refleja la ley celestial según la cual «dar es lo mismo que recibir», ya que recibiremos lo que damos.

El milagro de los milagros

Mi percepción de los milagros ha ido cambiando con los años. He aprendido a no dar nunca nada por sentado y entiendo que todo es posible en la medida que sea funcional al «cronograma divino». Más adelante ampliaremos este concepto, cuando nos encarguemos de los sucesos inesperados, «milagrosos», sincrónicos.

En el primer capítulo de *Un curso de milagros*, llamado «El significado de los milagros», se enumeran los principios que los hacen posibles. He escogido algunos para compartirlos con vosotros.

- Todos los milagros son iguales, no hay ninguno que sea más difícil o más grande que otro.
- Los milagros de por sí no importan, lo único que importa es su origen.
- Los milagros ocurren naturalmente como expresiones de amor, el verdadero milagro es el amor que los inspira. Todo lo que procede del amor es un milagro.
- Todo el mundo tiene derecho a los milagros, pero antes es necesaria una purificación.
- La oración es el vehículo de los milagros, es el medio de comunicación entre el creador y el creado. Por medio de la oración se recibe amor, por medio de los milagros se expresa amor.
- Los milagros son a la vez comienzos y finales, cancelan el pasado en el presente y así liberan el futuro.
- Los milagros aumentan la fortaleza del que da y simultáneamente dan fortaleza al que recibe.

- El milagro es un servicio, el máximo servicio que podemos brindarle al otro. Es una manera de amar al prójimo como a ti mismo.
- Los milagros son expresiones naturales de perdón; por medio de los milagros aceptamos el perdón de Dios al extender nuestro perdón a los demás.
- Perdonar es el privilegio de los perdonados.
- Los milagros deben inspirar gratitud y no reverencia.
- Los milagros son expresiones de amor pero no siempre tienen efectos observables.

Miedo o amor

Un curso de milagros me ha enseñado algo que permanentemente comunico y de lo que estoy convencido: lo contrario del amor no es el odio sino el miedo: «El amor perfecto expulsa el miedo, si hay miedo es que no hay amor perfecto» y «cada vez que tienes miedo es porque has tomado la decisión equivocada, ésa es la razón por la que te sientes responsable de ello. Deshacer el miedo es tu responsabilidad, pide ayuda para cambiar las condiciones que suscitaron el miedo».

También dice «somos lo que pensamos», basándose en esta sentencia: «La verdad es que eres responsable de lo que piensas porque es solamente en ese nivel donde puedes ejercer tu poder de decisión, tus acciones son el resultado de tus pensamientos.»

En *El combustible espiritual* dediqué un capítulo a nuestra misión en la vida y te conté la historia del psicólogo Gustavo Bedrossian, quien lleva un papelito en su cartera al que suele consultar si aquello que le ofrecen tiene relación con su misión.

La página treinta y dos de *Un curso de milagros* señala: «La corrección es siempre la misma, antes de decidir hacer algo, pregúntame si tu elección está de acuerdo con la mía; si estás seguro de que lo está, no tendrás miedo.»

El miedo es siempre un signo de tensión que surge cuando hay conflicto entre lo que deseamos y lo que hacemos. Cuando la mente y el comportamiento están en desacuerdo, hacemos lo que realmente no queremos hacer, el comportamiento se torna errático, la mente confusa, es inevitable temer, ya que más que tomar una decisión lo que sucede es que estamos presos de una indecisión: «Sólo tu mente puede producir miedo y hace eso cada vez que está en conflicto con respecto a lo que quiere, esto sólo puede corregirse aceptando un objetivo unificado.»

Recordemos que todo conflicto contiene una expresión de miedo, decidimos no amar y dejamos que el miedo nos tome de rehén. Para liberarnos debemos admitir que lo que sentimos es miedo y que el miedo procede de la falta de amor. No debemos sentirnos mal por experimentar miedo: «Todo el mundo experimenta miedo, si esperas librarte de él, debes saber que la mente es muy poderosa y jamás pierde su fuerza creativa, la mente nunca duerme.»

Así como el miedo se opone al amor, así como el ego se opone al ser, el miedo es la antítesis del milagro. El mayor milagro posible es el amor y la mayoría de nosotros no termina de comprender cuán milagroso puede ser perder el miedo.

Como dice *Un curso de milagros*, «Puede que todavía te quejes de que tienes miedo, pero aun así sigues atemorizándote a ti mismo, no puedes pedirme que te libere del miedo, yo sé que el miedo no existe, pero tú aún no lo sabes. Si me interpusiese entre tus pensamientos y tus resultados estaría interfiriendo en la ley básica de causa y efecto, la ley más fundamental que existe. De nada serviría el que yo menospreciara el poder de tus pensamientos, ello se opondría directamente al propósito de este curso». Maravilloso, sabio, hermoso... Vuelvo a leer este párrafo de sabiduría pura y me cuesta no ver la mano de Dios en tan extraordinarias palabras; en pocas líneas, sólo las necesarias, nos acaban de explicar el sentido de la vida, las reglas del juego, el propósito de este curso, que es el curso que hemos venido a aprobar, más tarde o más temprano.

Creo que *Un curso de milagros* nos enseña la dimensión real del milagro en nuestras vidas, otorgando al pensamiento una incidencia real en el acontecimiento. Tal vez la invención más genuina del hombre es su propio pensamiento, pensamiento que le ha dado un poder tal que nos ha alejado de nuestra fuente creadora, nuestra esencia, nuestra porción eterna, nuestro puente o hilo conductor a nuestra realización divina.

Ya lo decía Albert Einstein: «No se puede resolver un problema con la misma mente que lo creó.» En el momento de la autoaceptación de la impotencia, surge el punto de inflexión transformador y con él, el milagro. Al elegir el milagro rechazamos el miedo, aunque sólo sea temporalmente. Tanto el milagro como el miedo proceden del pensamiento; si no eres libre de elegir uno, tampoco serás libre de elegir el otro.

Es una cuestión de elección

Así como dividimos nuestros comportamientos en temerosos o amorosos, así como decidimos diluir o no el ego, conectar o no con el espíritu, nuestros pensamientos podrían ser básicamente repartidos entre los que consideramos temerosos y los que consideramos amorosos. En función de nuestra determinación, resultará la calidad de la acción que nuestra elección implique.

Ampliaremos esta cuestión en el capítulo dedicado a las sincronías, pero cuando menos podemos anticipar que aquello que hoy vivimos es porque ayer nuestros pensamientos lo atrajeron. Lo que hacemos encuentra su causa en un pensamiento previo y su efecto en un acontecimiento posterior.

Wayne W. Dyer sostiene que tal como un hombre piensa, así es. No es una cuestión de mero voluntarismo, sólo una ratificación de que aquello en lo que nos centramos es aquello que se desarrollará.

Los pensamientos temerosos, los pensamientos de baja energía, llenos de rencor, odio, ira, culpa, venganza, etc., no hacen más que potenciar las bajas energías y el fortalecimiento y justificación del miedo. Así como tenemos el frigorífico repleto de imanes con números de teléfono de establecimientos de comida por encargo, el miedo es el imán más grande, y de la calidad y cantidad de lo que nos nutramos dependerá el envío a domicilio que la vida tiene preparado para nosotros.

Para ser obradores de milagros debemos guardar un genuino respeto por la ley de causa y efecto, condición previa para la realización del milagro. No sólo el miedo debe ser entregado al dominio del amor, el milagro debe ser esperado como la instancia final, la consecuencia natural de la ley de causa (razón para que suceda) y efecto (consecuencia que conlleva).

Agobiados, preocupados, insatisfechos, somos muchos los que hemos elegido el sendero espiritual como trayecto comprobado hacia la paz de Dios. Hoy sabemos que entre el clic (autoaceptación de la imposibilidad de seguir haciendo las cosas controlados por el ego) y la voracidad por los resultados hay una etapa intermedia de conflicto y tensión propios de quienes creímos tener el poder y finalmente lo entregamos hacia algo o alguien intangible. En esa situación es donde nuestros valores se ponen a prueba y maravillosamente expresamos nuestra fe, y a mayor duda exhibimos mayor entrega, a mayor temor, mayor confianza.

La paradoja (contradicción aparente reveladora de una verdad) es una constante en la espiritualidad. *Un curso de milagros* nos recuerda que la confianza no puede desarrollarse plenamente hasta que resolvemos totalmente una situación.

El libro asegura que estar listo es sólo el comienzo de la confianza, sólo el prerrequisito para que algo se pueda lograr.

El orden de los factores sí altera el producto

Debemos ocuparnos de lo que nos corresponde hacer, nuestra aportación, afrontar el miedo, dominarlo por medio del amor, aprender a aceptar el error. Tenemos que aprender a entregar, a desapegarnos y, ahí sí, a alistarnos.

Es habitual utilizar la frase «Se cree muy listo» o, en forma interrogativa, «¿Te crees muy listo?», para preguntarle a una persona si se cree muy inteligente.

En el mundo espiritual la inteligencia queda relegada ante la sabiduría. No pasa por ser listo (inteligente), sino por estar listo para recibir a Dios. No será otro quien decida el lapso de tiempo a transcurrir entre el comienzo de la confianza y los resultados de la entrega del control y el alcance del dominio, la etapa del milagro.

En el mundo del ego se ha generado algo muy doloroso, personas que no creen en nada pero le temen a todo, personas que se centran en la desgracia y se mofan del milagro, personas que confunden la magia con el milagro.

Tal vez una extraordinaria receta para quienes viven en ese mundo, para quienes no pueden más de miedo, sea recordar el hecho de que no hemos sido creados por nosotros mismos. Todos nosotros, más allá de haber escogido el camino espiritual, volvemos en mayor o menor medida al mundo del ego y es bueno que tengamos esa receta a mano.

Una de las razones por las que tenemos miedo es porque convivimos con el «choque de lo que deseamos con lo que hacemos, en lugar de hacer y desear aquello que somos».

El miedo es inevitable en situaciones extremas; sin embargo, destino estas reflexiones a la mayoría de las personas —entre las que lógicamente me cuento— que frecuentemente sentimos miedo aunque no nos enfrentemos a situaciones extremas.

El miedo desaparece cuando somos aquello que hemos venido a ser y, por el contrario, la tensión y el conflicto resurgen cuando salimos de nuestro sendero. Afortunadamente ese resurgimiento es provisional; una vez que transitamos el camino espiritual, más allá de algún derrape, tendemos a volver a él.

Quien ya transita el sendero es consciente de lo real y aun despistándose se da cuenta de que lo que está viviendo es una experiencia aislada, separada de Dios, razón por la cual rápidamente abandona la «autopista» para volver a la ruta del ser.

En lo personal, en aquellos días en que el ego parece ganarme la partida, entiendo que aquello que percibo no es lo real, a diferencia de lo que me sucedía en los tiempos en los que el ego realmente me vencía. En aquellas jornadas en que el ego intenta someterme, sé que el espíritu finalmente prevalecerá y que la conexión y lo necesario vendrán por mí. Puedo asegurar con profunda emoción que ese milagro siempre vuelve a mi vida y tengo confianza suficiente para saber que siempre será así. Más allá de un lógico escozor, ya no temo a la oscuridad del ego porque sé que la luz siempre se hace presente para desvanecer las tinieblas, y es así como procuro evitar tomar decisiones o emprender acciones «copado» por el ego.

Es un milagro poder corregir acciones y pensamientos que retroalimentan el conflicto por acciones y pensamientos que me acercan a la paz. Todos tenemos acceso y derecho al milagro, pero antes es necesaria una purificación. *Un curso de milagros* sostiene sabiamente que los milagros deben inspirar gratitud y no reverencia. Empecemos por ejercer esa gratitud, seamos agradecidos cada día al milagro de la vida.

Dios no habla en ego

Paradójicamente, una vez que volvemos a Dios, la confianza y la certeza son tan grandes que los milagros ya no nos resultan necesarios. Durante mucho tiempo tuve una vinculación con Dios desde el miedo y la demanda, desde el ego. En realidad no hacía más que temerle y pedirle. Concebía el milagro como un hecho prácticamente inalcanzable; sin embargo, vivía con ilusión (que no es lo mismo que con fe) en que un hecho fortuito cambiara mi vida «milagrosamente». Depositaba toda mi confianza en ese Dios distante (la distancia la ponía yo) y, con escasa convicción y desmesurada ambición, generaba un espacio de decepción continuo en lugar de una zona fértil para la concreción de los milagros.

Por aquellos tiempos consideraba que la suerte lo era casi todo en la vida y toda mi aportación era esperar a que Dios me ofreciera su ayuda. Hoy comprendo que «Dios no habla en ego», Él no es bilingüe como la mayoría de nosotros, que pasamos del ego al ser con frecuencia. Hoy sé que con Dios sólo «se habla en amor». La vida es evolución y aprendizaje, hay momentos en los que nos demoramos en nuestro progreso espiritual pero nunca retrocedemos, el tiempo es tan sólo una herramienta destinada a delimitar nuestro aprendizaje, el tiempo sólo desaparece cuando la necesidad de aprendizaje termina. Eso es la muerte, irnos de aquí cuando ya dejamos de necesitar aprendizaje.

«Dios no habla en ego»: a la hora de pedirle algo, qué mejor que la verdad entre a raudales en nuestros pensamientos con un propósito amoroso que evite que el ego se quiera apropiar del ser.

En mayor o menor medida, vamos fluctuando entre la mente y la conciencia. Carl Jung explicó que los pensamientos que no llegan a la conciencia se transforman en destino, es decir, «seremos lo que pensamos».

Solemos decir que tenemos la conciencia tranquila (bueno, eso suele decirlo el ego), cuando en realidad lo que necesitamos es tener la conciencia despierta y cada vez más expandida.

La conciencia expandida es Dios manifestado en pura luz; la conciencia dormida es la conciencia boba que nos aleja de la verdad. Debemos recordar que «sólo es verdad aquello de lo que somos conscientes».

3
LA INSPIRACIÓN

El capítulo anterior lo destinamos a señalar algunas enseñanzas del libro *Un curso de milagros*. Esta obra afirma que la inspiración (tema central de este nuevo capítulo) es lo opuesto a la fatiga.

La fatiga es el des-ánimo, el fatigado es el des-animado, mientras que el inspirado se encuentra en-espíritu. El egocéntrico está des-animado, el que está en-espíritu está inspirado.

Nuevamente la elección que hagamos decidirá la acción que afrontamos. Conectados con el ego, nos empecinamos; vinculados con el espíritu, nos inspiramos. Se trata de tomar una determinación, es el todo o la nada, la luz o las tinieblas, la paz o el conflicto.

Nada que proceda del ego te acerca a la paz, nada que proceda del espíritu te acerca al conflicto, nada puede llegar al espíritu desde el ego, ni nada puede llegar al ego desde el espíritu. Dice *Un curso de milagros*: «Dios es tan incapaz de crear lo perecedero como el ego de fabricar lo eterno.»

En *El combustible espiritual* te expliqué la incompatibilidad del ego con el genio, uno excluye al otro. El ego expulsa al genio, su expansión marca la merma del talento, el desvanecimiento del don, el empobrecimiento creativo, la inspiración menguante.

El genio excluye al ego, expulsa a la jactancia, pone en retiro a la petulancia, echa a la soberbia, elimina los aires de superioridad. En todo momento somos invitados a elegir entre abastecernos del ego (el falso ser, el falso Dios) o de nuestro combustible espiritual del que somos recipiente natural.

Si estás en la búsqueda de inspiración deberás elegir la conexión con tu fuente y reconocer al espíritu en tu interior. Preparando esta parte del libro, garabateé sobre una servilleta de papel una autorrecomendación destinada a acercarme a la inspiración y que comparto con vosotros.

Más espíritu y menos ego y a cultivar el desapego.
Volvamos a la fuente aunque el falso ser
sea renuente.
Vivamos como Dios manda y no como el ego
nos demanda.

En su libro *Inspiración: encuentra tu verdadera esencia*, Wayne W. Dyer sostiene que estar inspirado implica la voluntad de suspender el ego. La inspiración es el contacto con la fuente de creación, alineado con tu esencia armonizas con tu origen, en el origen está el ser, el ser uno mismo. No hay nada mejor como ser uno mismo, no hay nada peor que ser otro.

La inspiración está en nuestra fuente creadora. Si jugáramos a los sinónimos, encontraríamos que la palabra «inspiración» puede significar tanto creación como origen. Habitualmente se le pregunta a un artista: «¿Qué inspiró (qué originó) su obra?»

No hay mayor barrera para la inspiración que la que conforma el ego, un ego no limitado a una actitud jactanciosa sino un ego alejador del verdadero ser, un ego que descarta la verdad y se identifica con el espejismo.

Tiempo de inspiración

Dyer juega con las letras de la palabra *ego* como si fueran las iniciales de una entidad, E.G.O. Edgin Go Out (alejando a Dios).

La inspiración es hija del espíritu, el espíritu vive en el aquí y ahora, en el presente, en el instante sagrado. Cuando estamos inspirados estamos en el ahora, eternidad de la que siempre nos podemos servir.

La inspiración y el ego no se conocen: «La ceniza no conoce la leña.» El ego nos hace creer que la inspiración llega cuando forzamos su aparición. En realidad, la inspiración llega cuando propiciamos al espíritu. Cuando el control del ego entra en conexión con mi divinidad recuerdo, vuelvo a ser, regreso al espíritu naturalmente y sin necesidad de forzar nada, ni siquiera la inspiración.

La inspiración es la conexión por la que sentimos a Dios en nuestro interior en una relación simultánea en la que Él nos siente a nosotros. La inspiración es una de las sensaciones más maravillosas que un ser pueda experimentar. La conciencia expandida permite que se concrete la llegada de la inspiración. Como difusor espiritual me gustaría poder transmitir este concepto de la manera más clara posible para ayudar a que personas de todo el mundo puedan comprenderlo y dejen de buscar a «Dios» en las drogas y otros venenos tóxicos.

El «baño creativo» que Dios nos da a través de la inspiración nos llega sin intermediarios, sin fármacos, sin química. La inspiración es el instrumento que se nos da como complemento del don para cumplir con nuestra misión en la vida.

La conciencia expandida, la noción cada vez más frecuente del sí mismo, el darse cuenta cada vez más, nos llevará más lejos y a mejores lugares que las sustancias, los sintéticos o los pensamientos más retorcidos.

La conciencia expandida te permitirá incrementar tus valores.

Suele decirse que la inspiración llega «trabajando»; pues bien, hagamos lo que nos corresponde, que el universo se encargará del resto. Más adelante explicaremos que no hay gracia divina sin esfuerzo humano; por tal razón, aun haciendo nuestra aportación en el presente, le otorgamos a Dios nuestro «futuro».

La acción (hacer lo que tengamos que hacer) sólo puede ser potenciada por la confianza (creer en lo que va a ocurrir). No hay ninguna razón para que aquello que hagamos en armonía con el orden cósmico no termine siendo para bien. La vida espiritual, las buenas «acciones», más tarde o más temprano, siempre arrogan buenos dividendos.

La máxima aspiración del hombre es realizarse en Dios. Esta aspiración tiene a la inspiración como aliada inevitable: cada acción que me acerque a ser como Dios (espíritu) y no a reemplazarlo (ego), para la cual he sido elegido, contará con la herramienta de la inspiración.

La superación personal es una posibilidad cotidiana a la que podemos aspirar para propiciar nuestra evolución en este paso por la vida. Recurrir a la «inteligencia» para este propósito es seleccionar la herramienta equivocada; es la conciencia la que te permitirá la mayor de las conquistas, la conquista del espacio interior.

Puede que la inteligencia te ayude a tener una casa espléndida y muy grande, sin embargo, no bastará para que tengas un hogar. Siguiendo nuestro ejemplo, la inteligencia sería la casa; la conciencia, el hogar, y la sabiduría, el camino que la conciencia otorga para lograr el objetivo. Un hogar disimula las carencias de una casa, una bonita casa no puede ocultar las carencias de un hogar desdichado.

Es probable que hayas llamado a un decorador de interiores para tu casa; ahora es tiempo de llamarte a ti mismo para «decorar tu interior». Son pocas las ocasiones en las que a la hora de pedir a Dios le solicitamos su bendición para aprender a comprendernos. Quien no se comprende nada comprende. Trabajar con objetos puede ser medianamente fácil, trabajar con personas un poco más dificultoso, pero trabajar con uno mismo en el camino de la autocomprensión, es lo más difícil.

Todos somos «pedacitos» de Dios; la humanidad es un gran rompecabezas que, unido, arma la totalidad, la figura divina, y por separado genera el caos. Lo mejor que podría pasarnos es que empezáramos a encajar nuestros pedazos de una vez por todas.

Motivación e inspiración

Tengo la enorme fortuna de ser invitado a dar charlas en importantes empresas cuyos responsables me explican que notan que los directivos muy bien remunerados no terminan de disfrutar de lo que hacen, más allá del éxito material y profesional. Suelen advertirme que el personal en general está motivado, estimulado, que se los «mima», que les instalan gimnasio, mesas de ping-pong, que reciben clases de pilates, etc., pero así y todo no se los ve satisfechos, es decir, que los incentivos no terminan de cumplir el objetivo.

Analicemos qué puede estar pasando con estas personas y formulemos el siguiente interrogante: ¿es lo mismo estar motivado que inspirado? La respuesta es no. Veamos por qué.

La motivación (tener motivos para hacer algo) nos viene de fuera; la inspiración nos viene de dentro. La motivación es darle motivo a la acción; la inspiración es darle sentido a la acción.

La motivación puede ser forzada, producto de la manipulación, basada en motivos engañosos y perjudiciales, como la envidia, el odio, la competencia enfermiza, la venganza, etcétera.

La inspiración nunca es forzada, siempre es natural y nunca proviene de las exigencias del ego.

La motivación es la razón por la que hago algo; la inspiración es aquello que vine a hacer aquí, aquello a lo que fui llamado.

La motivación me permite creer que puedo hacer; la inspiración hace que pueda crear y que pueda creer.

La motivación es un propósito externo; la inspiración es un propósito interno. En *El combustible espiritual* ya hicimos referencia a la necesidad de armonizar ambos propósitos: si la inspiración (propósito interno) es concordante con el propósito externo (motivación), la realización es posible.

En las empresas deberían asegurarse de tener a las personas apropiadas en los lugares apropiados y no «apropiarse» de personas a las que después no podrán «movilizar» ni entusiasmar.

Quien disfruta con lo que hace —aquello que la escritora Teresa Amabile definiera como motivación intrínseca—, toma la motivación extrínseca como lo que es, un agregado adicional al placer de la labor, una especie de recompensa o premio.

En el capítulo dedicado a la felicidad he comentado que la gente feliz disfruta de su actividad, más allá de los logros que ésta le genera. Los logros son «infladores» del ego, y el ego nada tiene que ver con la inspiración, y mucho menos cuando lo inflamos.

En el mundo de hoy, muchas veces se confunde el hecho de presionar a una persona con el hecho de motivarla favorablemente. El *marketing* puede ser una gran herramienta de ventas, pero también una gran «fábrica» de empleados asustados, que, presionados por los resultados que se les exige, bajo la denominación de «cumplimiento de objetivos», se bloquean en su capacidad de fluir, innovar y crear.

La inspiración nos hace dar lo mejor de nosotros, aquello que realmente somos, aquello que realmente hemos venido a dar; la inspiración es la mejor socia de nuestro potencial, la gran enemiga de nuestras limitaciones. La motivación nos hace dar aquello que a los otros más les sirva de nosotros.

Con la motivación podemos alcanzar un buen rendimiento; con la inspiración podemos llegar aún más lejos de lo que nuestros deseos hoy nos demandan y de lo que nuestros sueños hoy nos ilusionan.

Dios me inspira

Mientras escribo esta parte del libro experimento el disfrute de hacerlo, experimento el estado de «flujo». Siento que el placer de mi labor es tan gratificante que deseo poder transmitirla de la mejor manera para que sean muchos que llamados a hacer aquello para lo que están aquí, puedan recibir el «llamamiento» de la inspiración.

En lo particular no pretendo estar a cada instante en el que escribo «inspirado», pero en las ocasiones en las que la inspiración me llega y Dios me «hace bajar» su contenido, termino de entender mi limitada condición de «difusor» y mi afortunada situación cada vez que logro conectarme.

Dios nos hizo a su imagen y semejanza. «Igualados» a Dios, en armonía con nuestra porción divina, somos exactos a Él y nuestros deseos son los mismos que la voluntad expresada por nuestro creador. En ese estado, una vez que soltamos nuestra identidad con el ego, ya ingresamos en otro nivel; en esa situación la inspiración es inevitable. En este nivel ya no es posible la existencia del «síndrome de la hoja en blanco», desaparece el bloqueo creativo.

La inspiración es recibir a Dios; el que está inspirado está recibiendo la visita de Dios, está siendo nutrido del material que el don necesita para llevar adelante la misión. En esa instancia se desarrolla una fuerza interior que supera ampliamente a la llamada fuerza de voluntad, erróneamente denominada «amor propio».

No hay nada más limitado que el esfuerzo, no hay nada más ilimitado que la inspiración. Quien recibe inspiración no está exento de los golpes que le llegarán eventualmente al vivir de acuerdo a lo que ya sabe es su misión en la vida. Sin embargo, esos golpes serán amortiguados por la felicidad que otorga vivir la vida para la que he sido llamado.

Hablo de la vida a la que hemos sido llamados, la que hemos venido a vivir, que no es lo mismo que la que pensamos que queremos vivir. Averigüemos con la ayuda de la intuición qué vida hemos venido a vivir, esto nos permitirá evitar muchas tensiones, librarnos de muchos conflictos y finalmente fluir.

Elegir la espiritualidad es elegir elevar el espíritu, la inspiración nos conduce por el sendero espiritual: cuando recibimos inspiración, comprendemos nuestro mero rol de intérpretes. No tenemos otro mérito que buscar en el lugar apropiado (el estado de conciencia).

Cuando recibo inspiración termino de comprender que estamos aquí para la realización de Dios, quien obra a través de nosotros. No podría haber escrito libros ni hacer radio durante veinticinco años con enorme placer y dedicación sin entender el propósito de la tarea, que es mayor que la satisfacción por el resultado obtenido.

Dice Tony de Mello: «El poeta, el pintor, el músico experimentan a veces momentos de inspiración en los que parecen perderse y sienten que los atraviesa un flujo de actividad del que son más canal que fuente. Lo que ellos experimentan en su arte, el hombre despierto lo experimenta en su vida. Sigue actuando pero ya no es él quien actúa, sus acciones ya no las hace él, sino que le suceden a él. Se experimenta a sí mismo haciendo cosas que no son hechas por él; parecen ocurrir a través de él.»

Me llevó años integrar profundamente aquello que insinué anteriormente y que también explica el padre Tony de Mello, pero hablando de años, ¿qué otra cosa es el tiempo sino una forma de medición que el aprendizaje utiliza?

En *Un curso de milagros* se explica que una vez terminado el aprendizaje se termina el tiempo, en tanto Wayne W. Dyer nos enseña que nuestra misión es dejar de exigir las respuestas a Dios y más bien empezar a ser como Él.

Siempre me he sentido un afortunado por poder trabajar en aquello que elegí, pero tuve más éxito cuando permití que la inspiración fluyera en lugar de dejar que el ego mandara.

Nos sentimos menos abrumados cuando soltamos la carga, cuando el ego deja lugar al ser, cuando el yo hace lugar a Dios y dejamos que Éste nos visite.

Ahora o nunca

Ya lo cantaba Elvis Presley «*It's now or never*», es ahora o nunca.

La inspiración es re-conexión; antes de ser materia fuimos y estuvimos en-espíritu. Dios nos visita en un solo tiempo, el tiempo presente; el ego siempre está insatisfecho y vive obsesionado con el pasado y con el futuro. El ego vive postergando momentos y te convierte en un ausente del presente; el ego te vive acosando con metas. Cuidado con el engaño de las metas, cuidado con la postergación del ahora, cuidado con descuidar el ahora y convertir el ahora en el nunca. Es hora de aprender que vivir ahora es el mejor remedio contra la ansiedad.

Cuando dejamos de ser canales de Dios, para creernos la fuente, la inspiración «expira», pasamos de la inspiración (recibir a Dios) a la expiración. Así como los medicamentos o los lácteos vienen con fecha de expiración, lo mismo puede pasar con nuestro don.

Antes de venir aquí, moramos en el mundo del espíritu. Cuando nuestro tiempo de aprendizaje haya expirado es allí donde volveremos. Hemos venido aquí a recibir aprendizaje y a proporcionar enseñanza. Cada uno de nosotros tiene algo para mostrarle al mundo, la inspiración vive dentro de tu mundo. Todo lo que aparece en nuestra vida ha sido previamente atraído, nuestra concordancia vibratoria determina lo que atraeremos y lo que repeleremos. Quien no recibe inspiración no puede cumplir con su misión en la vida. Todos nosotros hemos sido llamados a hacer nuestra tarea, ésa es nuestra misión. ¿Y tú que vas a traer (atraer) a tu vida?

Atraemos aquello en lo que nos centramos, la inspiración es atracción pura. Años atrás era habitual ver pegatinas en miles de coches con la frase «Sonríe, Dios te ama»; hoy me gustaría acuñar la frase: «Sonríe, Dios te llama.»

La mayoría de las personas no percibe la llamada interior que nos invita a transitar el sendero espiritual (la llamada a interiorizarnos), y algunas personas perciben la llamada pero optan por no atenderla y dejan el ego a cargo del contestador automático.

Inspirarse es permitir la concreción de la creación, haciéndole crear al hombre aquello para lo que fue creado. Vuelvo a Dyer: «Permanecer en espíritu nos permite participar como co-creadores», es decir que Dios permite que seamos sus socios, para revelarnos cómo desarrollar nuestro potencial, aquella información de lo que podemos llegar a ser, que Dios tan generosamente le transmite al ser.

La física cuántica ya ha señalado que todo lo que podemos llegar a ser está en nuestro ADN, en nuestra esencia. La conexión con la fuente activa el regreso. ¿Qué es la memoria, sino una forma de regresar? Tenemos el material que la inspiración nos permite colectar en nuestras células, las que Dios activa para la concreción de su obra. Es como desvelar el misterio del ministerio, nos han dotado para que dotemos.

La inspiración vino con nosotros, lo que hagamos a través de ella será la expresión divina a través del canal humano.

Recibamos a Dios, inspiremos. La inspiración está en camino, es la fuente divina que nos elige como canal, somos fuente de inspiración para otras personas. «Somos semillas para los otros, los otros son semillas para nosotros.»

4
EL AMOR ESTÁ EN EL AIRE

El amor está en el aire, en cualquier sitio al que miro.
El amor está en el aire,
en cada imagen y cada sonido.
Y no sé si soy un idiota,
no sé si soy una persona inteligente,
pero es algo en lo que debo creer,
y está ahí cuando te miro a los ojos.

El amor está en el aire, en el susurro del árbol.
El amor está en el aire,
en el tronar del mar.
Y no sé si es que estoy soñando,
no sé si me siento bien,
pero es algo en lo que debo creer,
y está ahí cuando me llamas por mi nombre.

El amor está en el aire,
el amor está en el aire.
El amor está en el aire, en la salida del sol.

El amor está en el aire,
cuando el día está a punto de terminar.
Y no sé si eres una ilusión,
no sé si veo la verdad,
pero tú eres algo en lo que debo creer,
y estás ahí cuando te tiendo la mano.

El amor está en el aire, en cualquier sitio al que miro.

JOHN PAUL YOUNG

En el capítulo anterior hemos hablado de inspiración, la conexión del ser con el espíritu, en-espíritu (inspirados). En esta parte del libro, intentaremos profundizar el concepto de inspiración y contacto con Dios.

Todos los seres tenemos en común la necesidad de la respiración para vivir. La mayoría de las personas no son conscientes de su propia respiración. En general, el acto respiratorio se convierte en una acción automatizada, razón por la que no aprovechamos el enorme potencial que esta experiencia podría otorgarnos. Dicho de otra forma, usamos muy poco nuestra capacidad pulmonar, nuestro enorme caudal respiratorio. No llenamos nuestros «fuelles» como deberíamos, no usamos el aire como podríamos.

Aquí la regla sería: cuanto más y mejor respiramos, más conectamos con la fuente, más armonía alcanzamos.

Inhalar, exhalar

El notable pensador oriental Osho sintetizó muy bien este ciclo, supo explicar que cuando inhalamos (inspiramos) recibimos a Dios, y cuando exhalamos (espiramos) nos entregamos a él.

Cuando morimos (expiramos) expira nuestro tiempo aquí y nos entregamos a Dios. La inspiración es el contacto directo con Dios, a través de Él somos canales de luz, instrumentos de su paz, emisarios de su amor.

El «inspirado» recibe de Dios el aire que necesita para ser, no podemos ser inspirados por el ego. El aire es un gran aliado para un mejor manejo de nuestras emociones; cada vez que perdemos el control emotivo, aquello que se desvanece es el contacto con Dios.

Muchos años atrás, Séneca advirtió que la persona más poderosa es aquella que es dueña de sí misma. El gran objetivo de la vida es conocer a Dios, no hay mucha diferencia entre esta afirmación y la de Séneca.

Cuando somos dueños de nosotros mismos, guiamos nuestras emociones y fortalecemos el contacto con Dios. El contacto con Dios y el sufrimiento son inversamente proporcionales. Es cierto que el ser puede sentir dolor, esto forma parte de su crecimiento, pero otra cosa es el sufrimiento que no deja lugar al cambio, que no deja lugar a la evolución.

A mayor distancia de Dios, mayor sufrimiento. La separación entre el hombre y su creador se expresa en sufrimiento; la unidad de medida de esta distancia no se da ni en metros ni en kilómetros, aquí el sistema métrico da lugar al padecimiento incalculable.

A mayor separación, mayor sufrimiento; a mayor unidad, mayor amor.

Déjate respirar

Después de practicar con regularidad meditación, yoga o el curso de respiración del afamado maestro Sri Sri Ravi Shankar, en todos los casos he logrado un estado de conciencia de Dios en mi interior al que siempre quiero regresar.

No tengo dudas, el tesoro está dentro, Sri Daya Mata lo dice magistralmente de otra manera: «El gozo que buscas está en tu interior.»

La llave del tesoro la tenemos todos, pero el tesoro sólo se abre cuando el espíritu doma a la mente. La historia que explicaré a continuación podría haber sido incluida en el próximo capítulo, el de las coincidencias significativas (sincronías).

Unos cuatro años antes de escribir esto, en un vuelo de Miami a Buenos Aires, me tocó como compañero de viaje una persona bastante conocida en Argentina por su vinculación con el mundo de la moda, el modelo y empresario Federico Rivero.

Nuestro tema de conversación fue, «casualmente», el de los libros que habíamos escogido para leer en aquel viaje. Tanto uno como el otro habíamos llevado lectura de temática espiritual y ése fue el tema inevitable de nuestra charla.

Una vez en Buenos Aires, nuestro contacto fue muy esporádico, pero cuando tuve la dicha de publicar *El combustible espiritual*, Fede Rivero fue un enfervorizado lector, primero, y un extraordinario promotor después, hasta tal punto que no sólo le regaló el libro a decenas de personas sino que fue un contacto maravilloso para que personas como Marcelo Tinelli (de quien es su gran amigo) y otras del ámbito televisivo leyeran y difundieran *El combustible espiritual*.

Sin dejar de destacar y agradecer ese gesto, el regalo más prodigioso llegaría tiempo después, cuando me invitó a disfrutar durante una semana del «Curso de respiración», de El Arte de Vivir, basado en las enseñanzas del maestro Sri Sri Ravi Shankar, fundador de esta reconocida ONG.

Fue así como de un encuentro fortuito con una persona del mundo de la moda, supuestamente frívola, poco afín a lo espiritual, surgió una hermosa amistad que me llevó a «aprender» a respirar.

Cuatro años después de aquel vuelo de Miami a Buenos Aires, como agradecimiento a Federico y en aras de su permanente progreso espiritual, le he pedido que hiciera el prólogo de este libro, petición que lo sorprendió y lo emocionó, tal como describe al comienzo de esta obra.

Uno de los hechos que más valoro de aquel curso de El Arte de Vivir fue aprender la denominada respiración «ushai», o respiración «victoria»; llamada así porque se trata ni más ni menos que de la victoria del espíritu sobre la mente.

Siempre que domamos la mente por nosotros mismos (no a través de fármacos, alcohol o drogas) nos estamos acercando a Dios, conectamos con Él a través del espíritu, en-espíritu.

El objetivo principal de este capítulo es el de poder entender la importancia del ciclo respiratorio como la confirmación de la existencia de un ser superior todopoderoso que nos da y nos quita la vida.

No pretendo convencer a nadie de nada, ni a todos de todo. Simplemente a quien pudiera tener dudas de la existencia de Dios tal vez pueda servirle el hecho de descubrir una relación de semejanzas.

No hay nada que mejor represente a Dios que el amor y el aire.

Dios es el aire que respiramos

Al igual que Dios, el aire está en todas partes, lo podemos sentir pero no lo podemos ver ni tocar. Al igual que Dios, el aire no discrimina por condición social, económica o religiosa.

Los filósofos presocráticos hablaban de los cuatro elementos naturales: agua, tierra, aire y fuego, elementos sin duda imprescindibles. Pero es el aire el que mejor representa el concepto de Dios en nosotros.

Los seres humanos, cuando estamos agobiados, agotados, abrumados, desesperados, solemos sentirnos asfixiados. Cuando una situación nos supera, decimos que necesitamos «aire» para salir de ella.

Cuando sentimos alivio por salir de una situación que nos acucia, decimos que sentimos como una bocanada de aire fresco; en España, cuando alguien quiere hacer las cosas a su manera, dice que necesita hacerlo «a su aire».

Dios está en el aire, Dios es el aire. A menudo en aquellos lugares donde prevalece el ego, las energías son escasas, las vibraciones muy bajas, la atmósfera densa y el aire parece cortarse, se torna irrespirable.

Seguramente la mayoría de los ecologistas son conscientes de la aportación que hacen al medio ambiente con su labor, pero desconocen la aportación espiritual de su lucha por un mundo donde se pueda respirar aire puro como Dios manda. Sin saberlo están proponiendo «volver a Dios», ya que con su tarea y con su prédica pugnan por un espacio lo más amplio posible para que seamos canal divino. Un canal de aire puro, de aguas limpias no «contaminadas» por el ego que desafía a la madre naturaleza, con tal de lograr su objetivo a cualquier precio.

El aire es el combustible básico con el que funcionamos, la respiración nos ancla a la vida, la respiración consciente es nuestro anclaje al presente.

Dios nos dice «déjate respirar»; Él es el aire y se nos ofrece para que nos dejemos respirar por Él. Dios es la mejor asistencia respiratoria jamás inventada, es el respirador natural.

Dios es el aire, nosotros la respiración, nuestra conexión con Él se da a través de la respiración. Toda interferencia que pongamos entre él (aire) y nosotros (la respiración) no hará más que incrementar nuestro sufrimiento.

Respiramos del modo en que nos sentimos, esto confirma lo determinante del aire (Dios) en nuestra calidad de vida. Cuando estamos ofuscados perdemos conciencia, nos entregamos al impulso, nos alejamos de nuestra fuente creadora, aumentamos las posibilidades de hacer daño y de hacernos daño, entramos en un plano en el que podemos hacer algo de lo que nos arrepentiríamos el resto de nuestras vidas.

Cuando estamos relajados sucede todo lo contrario, nos dejamos respirar, no resistimos la llegada del aire, la llegada de Dios, la inspiración y no ponemos trabas a nuestra entrega a Dios, la exhalación.

Relajados nos distendemos, nos hacemos más flexibles, más compasivos, más parecidos a quien nos creó a su imagen y semejanza. Estoy convencido de que cuando somos más flexibles en lo espiritual pasamos a serlo también en lo físico. La liberación de tensión (distensión) permite la liberación de los músculos del cuerpo y, con ellos, la liberación de más energía que teníamos retenida entre ellos.

El ego es un gran consumidor, un depredador de energías: ir por la vida movido principalmente por el ego es como tener un coche de doce cilindros cuya autonomía es muy limitada.

El espíritu es un gran generador energético; las personas que se nutren del espíritu alientan permanentemente el flujo de energías. El ego te fatiga, te desanima; el espíritu te inspira, te anima. Te lo reitero, la inspiración es todo lo contrario de la fatiga.

Dios es energía ilimitada, somos nosotros los que decidimos con nuestros actos y pensamientos cuánta energía atraeremos. El universo es una especie de espejo que refleja la energía que atraeremos, permanentemente somos nosotros quienes creamos nuestra realidad. La ley de la atracción no se detiene, siempre está funcionando; recuerda que toda la materia es energía, y que la energía es causa y efecto de sí misma.

Si nos aferramos al ego cortamos el flujo energético y nos fatigamos; si propiciamos el espíritu expandimos la provisión energética, el ego es un falso grupo electrógeno del que deberás desconfiar aun en el apagón; el espíritu es la única fábrica a la que podrás recurrir para obtener luz, paz y bienestar.

El primer paso del ciclo virtuoso de la reconexión con el espíritu se da a través del aire; su acción vinculante es la respiración. El simple hecho de empezar a prestar atención a la respiración nos conecta con el aquí y ahora.

El solo hecho de concentrarte en tu respiración modifica tu estado de conciencia. La meditación (conciencia directa del contacto con Dios) se basa en esta técnica, merced a esto podemos poner nuestra mente en blanco. No podemos pretender estar pendientes de nuestra respiración todo el tiempo, pero sí unos quince o veinte minutos al día, que serán suficientes para el resto de la jornada; también podemos recurrir a la respiración consciente en momentos de tensión, angustia, temor o excesiva preocupación.

Así como en Oriente ya no es necesario explicar el concepto de meditación, en Occidente se sigue entendiendo la meditación como un sinónimo del pensamiento, se supone que meditar es pensar; sin embargo, es todo lo contrario.

Cuando meditamos nos concentramos en un sonido (mantra) y en nuestra respiración, pero no nos centramos en pensamiento alguno.

Te propongo que revises qué pasa con tu respiración cuando te sientes preocupado, atemorizado o en tensión; te propongo que revises qué pasa con tu respiración cuando estás distendido, sereno o relajado. Comprobarás que la diferencia es sustancial: en el primer caso, la respiración se entrecorta, se acelera, te sientes alterado y no te dejas respirar; en el segundo caso, la respiración fluye, te dejas respirar.

Proceso del aire *condicionado*

Así como cada vez que nos sentimos acalorados, en la oficina, en la sala de estar o en el dormitorio, buscamos la refrigeración del aire acondicionado y cada vez que tenemos frío hacemos lo propio con la opción de aire caliente, podemos recurrir al test del «aire condicionado» para dejarnos respirar y usar el aire (Dios) para un mejor empleo de nuestras emociones.

En lugar de apretar la tecla del encendido, podemos tomar conciencia de nuestra respiración cuando nos sentimos angustiados o tensos y salir de la respiración automática para pasar a ser conscientes de la entrada y salida de aire. Verás cómo concentrándote en el ingreso y egreso de aire a tu organismo, volverás poco a poco al aquí y ahora.

Lo llamo proceso del aire condicionado porque el aire que respiramos es el mismo, pero lo condicionamos en función de nuestros pensamientos y emociones. Condicionamos la entrada de aire a como nos sintamos y sin advertirlo afectamos nuestro bienestar emocional al que condicionamos innecesariamente. Podemos ser conscientes de la presencia de Dios con tan sólo inhalar y exhalar convenientemente.

No pretendo limitar a Dios al aire que respiramos, sólo entregarle a quien no cree, o a quien duda, una maravillosa herramienta para experimentar la divinidad; quien se queda sin aire se queda sin Dios, muere.

El máximo don que Dios puede darnos es el de la vida, y la vida no es posible sin aire. Otro regalo muy grande que Dios puede darte es el de la inspiración. Nuestro primer acto al nacer es el acto de recibir a Dios (inhalar); nuestro último acto antes de morir es exhalar (entregarse a Dios): en el aliento final, en el hálito, nos entregamos a Él.

Dios es tan sabio que algo tan importante como la respiración nos fue concedido para que cualquiera pueda hacerlo automáticamente, pero Dios a su vez es tan sabio que hizo que algo tan importante como la respiración consciente requiera del aprendizaje voluntario, prueba contundente de que nos concede el libre albedrío a la hora de decidir si queremos conectarnos con Él.

Llénate de aire, llénate de Dios, déjate respirar, usa tu cuerpo como maravilloso envase de ese aire que oxigena tus pulmones y asfixia tus miedos, desaira al ego y deja de condicionar tu aire, deja de condicionar tu llegada a Dios.

Es hora de aprender que el aire y la respiración son demasiado importantes para dejarlos en manos de autómatas. En la respiración está el control remoto de tu aire condicionado, la tecla de encendido es la del autocontrol, la de la sabiduría más grande que nos otorga el poder de controlarnos a nosotros mismos, no lo olvides: el poder lo tiene quien no reacciona a la llamada del ego.

Un reciente estudio de la Universidad de Montreal, Canadá, comprobó que la meditación disminuye los niveles de percepción del dolor. El estudio demostró que quienes meditan manifiestan una sensibilidad al dolor un dieciocho por ciento más baja. Además, la meditación logra reducir la medicación requerida para aliviar una dolencia.

La prueba consistió en exponer a meditadores y no meditadores a una fuente de calor en un rango de cuarenta y tres y cincuenta y tres grados centígrados dependiendo de su sensibilidad. Se pudo probar que los meditadores poseían una sensibilidad al dolor un dieciocho por ciento más baja que los no meditadores.

El hecho de que los meditadores pudieran disminuir el nivel de respiración a doce respiraciones por minuto contra un promedio de quince de quienes no meditan, hizo la diferencia.

La respiración más lenta reduce la sensación del dolor; el estudio ratifica que quien medita tiene un umbral de dolor distinto de quien no lo hace. La prueba se realizó con la participación de trece meditadores zen con un mínimo de mil horas de práctica y otras trece personas que no practican meditación; la franja etaria abarcó diez mujeres y dieciséis hombres de entre veintidós y cincuenta y seis años.

No hace falta ser un meditador zen con mil horas de práctica para comprobar que con la meditación podrás controlar tu respiración y que a menor ritmo respiratorio aminorarás el flujo de pensamientos, a menor oxígeno menores pensamientos, a menores pensamientos mayor relajación, a mayor relajación menor dolor.

La respiración consciente no sólo nos proporciona el contacto directo con nuestra porción eterna, además nos permite llevar el aire al diafragma, oxigenar mejor nuestro cerebro, evitar la aceleración de nuestro pulso y ritmo cardíaco y distender nuestros músculos.

En su libro *La felicidad está en ti*, Octavio Aceves explica que la respiración típica de la angustia suele ser superficial y rápida, limitada a la parte alta del pecho. En tanto la respiración consciente y diafragmática reduce la angustia, elimina la tensión.

La conciencia (noción y conocimiento que el ser tiene de sí mismo) hace de la respiración una herramienta fundamental para una vida plena.

Previamente mencioné la muy agradable experiencia que significó para mí el curso de respiración de El Arte de Vivir. Agregaré en este capítulo otras dos formas de respiración consciente a las que recurro y que me permito recomendar.

Yoga

Así se llama este arte milenario que comenzó de la mano de un bailarín al que llamaban Shiva, quien solía bailar en las plazas. Lo suyo no era solamente una danza, se trataba de algo muy profundo que nacía en su interior y que a través de los siglos ha ayudado y ayuda a millones de personas a poder unir (yoga significa unión) una posición casi coreográfica con ejercicios propios de la respiración consciente. El resultado no es otro que la armonía de cuerpo, mente y alma, sin sacrificarlos y sin competencia alguna.

El yoga en cualquiera de sus diversas vertientes es apto para todo tipo de personas, desde niños hasta ancianos. Hombres y mujeres perciben los beneficios de poder trabajar en la localización de la conciencia, la flexibilización postural y la mentalización deseada.

El yoga puede ser muy específico y enfocar la atención en un determinado órgano, en un grupo de ellos, en una articulación, en un chakra, etc. Al brasileño Luiz Sérgio Alvares DeRose, fundador de la Universidad de Yoga en su país y uno de los mayores difusores del yoga arcaico o antiguo, le gusta repetir una frase que supo convertir en postulado de su escuela, «practique yoga antes de que lo necesite».

Para el yoga el ser humano es una totalidad mente-cuerpo formada por siete cuerpos interdependientes: cuerpo orgánico, energético, emocional, afectivo, intelectual, mental superior y espiritual.

La religión judía enseña el concepto del Ruja, de ese viento, de ese «aire» con el que Dios insufló al hombre del espíritu. La respiración consciente, no mecánica, que utilizamos en yoga nos devuelve al sí mismo, nos reconecta con nuestro espíritu, aquel que nos insuflara Dios a través del aire, ese aire que respirado conscientemente nos permite el regreso a nuestra esencia.

Todos los seres queremos regresar, queremos volver a experimentar aquello que tuvimos antes, paz y felicidad. El hecho de ser ya nos otorga paz. El yoga es un puente al bienestar físico, espiritual y emocional, el yoga te permite expandir la conciencia y flexibilizar tu cuerpo gracias a posturas cada vez menos rígidas.

Para esto la respiración es una aliada, cada vez que elongamos, cada vez que vamos más allá en el estiramiento de nuestro cuerpo, el paso del aire por el mismo nos permite llegar un poco más lejos y con menos dolor.

Me tomo el atrevimiento de contarte mi experiencia: si bien hago clases de yoga desde hace poco tiempo y apenas una vez por semana, esto me ha permitido flexibilizar aún más mi cuerpo; esa laxitud viene acompañada de la desaparición de algunos dolores que solía tener, de la presencia de menos contracturas y del traslado de esta flexibilidad a mi actitud de vida.

Aunque no soy un acróbata al que llamarían de algún circo chino, mi cambio en lo físico también ha comportado cambio en la actitud; una cosa implica la otra. En general quienes pueden elongar su cuerpo hacen lo mismo con sus cuerpos mentales y emocionales.

Solemos calificar a las personas porfiadas como «cabezas duras»; tal vez podríamos hablar de «espaldas duras»: millones de personas, especialmente en los países occidentales, padecen constantes contracturas y dolores lumbares, producto de sus posturas erradas, rígidas, férreas que muchas veces son consecuencia de su manera, de nuestra manera, de encarar la vida.

Iniciamos esta parte del libro elevando el aire a la categoría divina; en el yoga los instructores suelen repetirnos que dejemos entrar a Dios. El yoga nos permite volver a nuestra esencia y a reconectar con la conciencia, es ésta la que le da calidad y dirección a nuestro pensamiento.

Es imposible desconocer la relación existente entre la calidad de los pensamientos y nuestro nivel de felicidad, entre el desequilibrio emocional y el origen de nuestras enfermedades. La enfermedad es la consecuencia de un desequilibrio emocional, los pensamientos son energía y somos el producto de todos los pensamientos que hemos concebido y de todas las emociones que hemos experimentado hasta hoy. En el libro *La clave*, de Jack Canfield y D. D. Watkins, basado en la ley de la atracción, se explica que los pensamientos influyen en el cuerpo, que generan cambios, modifican temperatura, ritmo cardíaco, presión arterial, frecuencia respiratoria, tensión muscular y nivel de sudoración. El propio

Albert Einstein reconocía que los pensamientos influyen en el cuerpo.

El yoga, al igual que la meditación, nos permite encontrar la llave para salir del patrón de conducta que nos lleva a frustrarnos y que no es otra cosa que nuestros pensamientos.

Todos nosotros tenemos un potencial que es el tesoro que nos han donado para una mejor realización del recado que Dios nos ha encargado.

Sin embargo, no todos desarrollamos el tesoro por igual. Muchas veces en lugar de expandir nuestro potencial, no hacemos otra cosa que sobredimensionar nuestras limitaciones.

No somos otra cosa que aquello que hemos hecho de nosotros mismos; siempre se está a tiempo de cambiar. Aquello que nos sucede hoy tiene mucho que ver con lo que proyectamos ayer. Buda decía que las causas preceden a los resultados, quien no cambia el comportamiento no cambia los resultados. Volviendo a Einstein, el genial científico decía: «Una mente que se abre a una nueva idea jamás vuelve a su tamaño original.»

El *combustible espiritual* nos enseña que no es el mundo el que cambia, somos nosotros los que nos modificamos y es ahí donde creemos ver al mundo cambiar. Creamos nuestra propia realidad. Cuando me visitó en la radio el consultor espiritual Eduardo Scarlata, me regaló una bonita frase sobre nuestra realidad: «Si yo soy el que la creo, puedo ser yo el que la descreo.»

Solemos relacionarnos con los demás de igual manera que lo hacemos con nosotros; también en este aspecto el yoga nos será de gran utilidad. El yoga propicia la calma y la calma es la puerta de acceso, el ser necesita serenidad.

Dejemos pasar el aire, dejémonos respirar, empecemos a aquietarnos; me gusta repetir que tal vez la inquietud más fructífera sea la quietud, en la quietud del alma suele estar la respuesta.

Entiendo la espiritualidad y así intento difundirla, no como una teoría: mucho de lo que te cuento es más en mi vida una realidad que un objetivo. Kierkegaard dijo alguna vez que la verdad existe sólo para el individuo en cuanto ésta se traduce en acción.

Es difícil explicar la vivencia y mucho más transmitirla; es por eso que entiendo la espiritualidad como la necesidad consciente de Dios, y Dios no es precisamente un concepto.

El yoga une al ser corpóreo con el ser incorpóreo; el yoga fusiona al individuo con su espíritu, a la criatura humana con su creador. Es un proceso semejante al que vulgarmente se describe como a una persona a la que «le volvió el alma al cuerpo».

El yoga es unidad, la unión de todas las partes a través de la disciplina de movimientos; el yoga nos permite unir el cuerpo con la mente, las emociones con el presente, nuestro plano físico, emocional y mental se unen en el aquí y ahora.

Somos seres multidimensionales; por lo tanto, si no podemos unir nuestros planos o dimensiones, será muy difícil evitar la desarmonía.

Hace muchos años que medito y lo continuaré haciendo mientras Dios me lo permita, pero admito que el yoga se ha convertido en un complemento maravilloso para mis prácticas de meditación; de hecho, cada mañana antes de meditar realizo algunos estiramientos y posturas de yoga.

Un momento de meditación

Años atrás en Buenos Aires los canales de televisión cerraban su transmisión cerca de la medianoche con algún mensaje religioso. En la mayoría de los casos era un cura y en otras ocasiones el sermón corría a cargo de un pastor, un rabino o un presbítero.

En el Canal 13 ese espacio se denominaba *Un momento de meditación*, y fue entonces cuando, por esa razón «televisiva», escuché la palabra meditación por primera vez. Tenía yo siete u ocho años.

En *El combustible espiritual* conté que a los veintidós años, y a instancias de un entrañable compañero de trabajo, llegué a un centro de meditación trascendental donde me concedieron un mantra y me enseñaron a meditar.

Un mantra es un sonido que repetimos mentalmente mientras respiramos conscientemente y en el que nos concentramos más y más a medida que nos vamos alejando de nuestros pensamientos.

Con el correr de los años he convertido la práctica de la meditación en una acción cotidiana; sin embargo, esto no se ha transformado en un hecho rutinario ni tampoco en una actividad tediosa.

Al igual que el yoga, la meditación implica la activación de la conciencia y genera efectos maravillosos sobre nuestro físico. Al meditar disminuimos nuestro metabolismo basal, reducimos notablemente el ritmo cardíaco y respiratorio, incluso podemos dejar de respirar por algunos segundos adicionales sin riesgo de muerte y con una extraordinaria sensación de bienestar.

Una vez más, como a lo largo de todo este capítulo, vuelvo a señalar el importante rol que juega el aire, un rol divino al que accedemos a través de su correcta utilización.

La respiración consciente nos devuelve a nuestra fuente espiritual, meditar es experimentar a Dios, es una fuente de energía como el sol o como la comida.

Meditar es llevar la cabeza al lugar donde están nuestros pies, nuestros pies están en el aquí y ahora, la cabeza no suele acompañarlos, ya que aparece ocupada por los recuerdos, las culpas, los arrepentimientos que dispara el pasado o por los planes y proyectos que le ofrece el futuro.

Instrumento para la sincronía

La meditación es una formidable herramienta que te alinea a una sincronicidad que te asiste. El próximo capítulo está dedicado al mundo sincrónico. Simplemente como adelanto te explico que la meditación te permitirá bucear en tu tesoro (mundo interior), aquello que posteriormente será funcional a tu destino en el mundo exterior.

La meditación es el estado de conciencia pura; la conciencia es aquello que se manifiesta aquí y ahora y no lo que nuestra mente supone que debería ser.

Muchas veces cada día caemos en lo que podríamos llamar «atrapamiento de conciencia», acto por el cual atrapamos al ser, al que precisamente no lo dejamos ser.

Si caminamos por la calle y vemos que una persona se desvanece, nos preocupamos hasta comprobar que ha «vuelto en sí», que recupera la conciencia.

Algo semejante nos pasa en el plano espiritual, nos desvanecemos espiritualmente y dejamos que el ego atrape la conciencia. No volvemos a ser, así como la persona no «vuelve en sí» hasta que no recupera la conciencia, lo mismo nos sucede a todos nosotros: no volvemos a ser hasta que no despertamos espiritualmente.

La meditación es una herramienta de sanación; para sanarse hay que curar el alma, el alma enferma genera el desequilibrio físico. La meditación es un estado de no-mente, muchas veces el pensamiento constante al que te lleva el ego te hace sentir un demente.

El doctor Alberto Lóizaga, notable médico clínico argentino devenido una eminencia en el tema de la meditación trascendental, explica en su libro *Ser uno mismo* que el que piensa es el yo, pero una identidad del yo no puede crear paz, ni felicidad ni amor ni libertad.

Cuando nadie te ve

Osho dice que la meditación te puede ayudar totalmente porque no la haces para que otros la vean, la haces frente a tu propio ser, te permite ser completamente libre, no tienes que tener miedo de lo que otros piensen.

El cantante español Alejandro Sanz tiene entre sus grandes éxitos una canción llamada *Cuando nadie me ve*; no sé qué fue lo que llevó a Sanz a componer este tema, pero algunos párrafos me hacen pensar en la relación entre sus palabras y la experiencia que surge de la meditación, frases como «a veces me muevo, doy mil volteretas... cuando nadie me ve, puedo ser o no ser... cuando nadie me ve, no me limita la piel... a veces te cuento por qué este silencio...».

Más allá de lo que haya inspirado a Alejandro Sanz a componer esta canción, independientemente de su condición de meditador o no (no me consta que lo sea), sus palabras sintetizan momentos que los meditadores sí experimentamos. Meditamos sin que nadie nos vea, al principio nos cuesta centrarnos, nos movemos aunque sin llegar a dar mil volteretas y sentimos con el gozo de la meditación que la piel no nos limita.

La meditación es la aproximación al no-miedo, es el cambio del miedo por el medio. El temor se vincula con el pasado o con el futuro, la meditación es el ahora, el no-mente, el no-pensamiento, el no-miedo.

A diferencia de acciones tóxicas y agresivas a las que recurre el hombre para «no pensar», que tienen un sentido destructivo, negador, artificial y anestesiante, la meditación *activa la intuición y no la paranoia*.

Tras escribir el primer libro, cientos de personas se pusieron en contacto conmigo a través de la radio o personalmente para pedirme que les recomendara un lugar para ir a aprender a meditar; en todos los casos mi respuesta fue la misma: soy meditador trascendental y por ende sólo puedo hablar de mi experiencia como tal, ya que desconozco cómo son las técnicas y resultados de otras meditaciones. Por lo tanto, vuelvo a recomendar fervientemente la meditación por sus efectos, que en mi caso particular son altamente satisfactorios porque me permiten experimentar un bienestar increíble.

Cada mañana, a los pocos minutos de iniciado el rito mi cuerpo se distiende, mi estómago se descomprime, y siento el aire entrar y salir conscientemente a un ritmo respiratorio cada vez más pausado, lo que poco a poco contribuye a desalojar pensamientos intrusos.

Es muy importante destacar que tal vez el tiempo más rico de la meditación es el que media entre inhalación y exhalación. Es un tiempo que se va prolongando y que tiene como contrapartida la liberación del aire retenido que es exhalado naturalmente, lo que nos hace sentir más y más relajados.

Buena presencia

Cuando una persona es estéticamente agradable y cuida su imagen, se suele elogiar su «buena presencia». En la meditación descubrimos con satisfacción nuestra «buena presencia interior», una presencia verdadera. Gandhi decía que la verdad es totalmente interior y que no hay que buscarla fuera de nosotros.

Nuestra esencia es meditadora. Cuando venimos al mundo lo hacemos como potenciales meditadores, después nos vinculamos permanentemente con los pensamientos y dejamos de lado la conciencia del ser: ésta es la razón por la que cuando volvemos a meditar, volvemos a ser, volvemos al ser.

Volver al ser es como recuperar un paraíso perdido; para esa vuelta prescindimos del ego, el vehículo al que recurrimos para otros viajes del cuerpo; aquí el motor se apaga. Una vez que empezamos a meditar nos autodescubrimos: Alberto Lóizaga asegura que en ese autodescubrimiento las personas que meditan llegan a encontrar que son mejores de lo que pensaban.

Podemos meditar una o dos veces al día, durante quince o veinte minutos, en un lugar tranquilo donde nos sentamos, entrelazamos las piernas, hacemos lo propio con las manos, vamos repitiendo mentalmente nuestro mantra, respiramos conscientemente al influjo del sonido del mantra, no resistimos los pensamientos que inevitablemente nos irán asaltando, los dejamos ir y con el correr de los minutos llega el gozo y experimentamos conciencia del contacto directo con nuestra esencia divina. Es así como vamos penetrando cada vez más en nuestro espacio interior, en nuestro verdadero hogar.

Una vez terminada la meditación, muy gradualmente retomamos nuestra actividad, volvemos a encender el motor, nuestra mente está renovada, nuestro físico acaba de recibir una inyección de vitaminas, ya podemos entregar nuestro día y hacer la parte que nos toca hasta la llegada de la próxima meditación.

Después de meditar, sale a la «vida» una persona más despierta, más despejada, más humilde, más sabia, que siente su cuerpo más ligero, más descansado. Se ha comprobado que la meditación resuelve problemas de insomnio, fortalece nuestro sistema inmune (a menos ego, mayores defensas), nos da más energía y nos aleja de complicaciones cardiovasculares, altos niveles de colesterol y cuadros recurrentes de estrés.

Cada día, antes de ir a la radio, a las cuatro y cuarto de la madrugada, medito y empiezo la jornada, «interiorizándome», metiéndome en mi vida interior, propiciando el espíritu y diluyendo el ego. Cada mañana procuro entregar el control, recibir luz, paz y amor y enviar luz, paz y amor. Encaro el día con otra predisposición y recibo del día situaciones a las que me enfrento con la mejor actitud posible.

Si bien es cierto que hago vida sana, bastante deporte y me cuido a la hora de comer y beber, creo que la meditación, a Dios gracias, es la gran «culpable» de mi buena salud y enorme energía. Dios me ha premiado con mucho trabajo en aquello que es mi misión en la vida; mi conciencia de su presencia a través de la meditación me ha permitido —hasta ahora y hasta que Él así lo determine— realizar mi labor fervorosamente.

El secreto

A través de los años, al igual que a cualquiera que se disponga hacia los demás, me han confiado secretos que en mayor o menor medida he sabido guardar, pero de una u otra manera, con el paso del tiempo, esos secretos se terminan compartiendo con un amigo de toda la vida o con el amor de tu vida. Sin embargo, la meditación me ha dado un secreto que no comparto con persona alguna y conservo para mi «llegada» a Dios. Se trata del sonido o mantra de cuatro letras que repito cada vez que medito; el día que me fue concedido lo guardé para siempre en mi «caja de seguridad» interior.

5
SINCRONÍA: NI MERA COINCIDENCIA NI PURA CASUALIDAD

> *En todos los actos de iniciativa y creación, hay una verdad elemental cuya ignorancia mata innumerables ideas y espléndidos planes: que en el momento en que uno se compromete definidamente consigo mismo y con los demás, entonces la Providencia también se mueve. Toda clase de cosas suceden para ayudarnos, una corriente de acontecimientos brota de esta decisión, haciendo surgir a nuestro favor todo tipo de acciones, reuniones y ayuda material que ningún hombre podría haber soñado. Cualquier cosa que puedas hacer o sueñes que puedes hacer, hazla. El coraje contiene genio, poder y magia.*
> *¡Comienza ahora!*
>
> W. Goethe

Cuando Claudia y Marisa, dos oyentes que se dedican a la gastronomía a base de productos orgánicos, me enviaron para mi cuarenta y siete cumpleaños una rica tarta que me advirtieron no contenía ni huevo ni manteca, nunca imaginé que más allá del sano manjar, lo más delicioso llegaría en la dedicatoria.

Aquella tarde, además de compartir la tarta con mis compañeros, guardé el escrito que la acompañaba, convencido de que aquellas palabras de Goethe tenían que estar en este libro. Algunos meses después comprobé que no había mejores dichos que los del escritor alemán para iniciar el capítulo de las sincronías.

La sincronía hace realidad en el mundo exterior una necesidad del mundo interior: aquello que se está gestando adentro sale a relucir afuera en el momento justo. Para decirlo de manera elocuente, la sincronía se asemeja al proceso del feto (proceso interior) que sale a la vida para convertirse en un lactante (proceso exterior).

El universo espiritual se une con el mundo físico, el deseo latente con la realidad sorprendente; se trata de una coincidencia significativa, así la supo llamar Carl Jung, que de esta manera dejó claro que la sincronía no es la mera simultaneidad de dos hechos.

La sincronía adquiere un enorme significado desde la mirada espiritual, con la cual observamos la vida con visión y propósito e integrando todas las cosas. La sincronía es como un reloj cuyas agujas siempre están en punto, la coincidencia significativa es la concatenación de dos incidencias que conjugadas terminan por ser funcionales a un nuevo incidente que llega, valga el juego de palabras, para incidir en nuestra vida.

La sincronía desafía la lógica causa-efecto, y hace coincidir acontecimientos externos con nuestra vibración interna. Goethe dice que la Providencia también se mueve y reforzando la no vigencia de la lógica causa-efecto, agrega: «Para ayudarnos suceden toda clase de cosas que de otro modo no habrían ocurrido.» Y por último nos enseña que toda una corriente de acontecimientos (mundo exterior) brota de esta decisión (mundo interior), haciendo surgir a nuestro favor todo tipo de acciones, reuniones y ayuda material que ningún hombre podría haber soñado.

Me gustan mucho los relojes y he podido comprarme alguno que otro de marca prestigiosa; sin embargo, ningún reloj en el mundo tendrá jamás el valor del reloj sincrónico, el reloj de la hora señalada.

Está escrito

Escritores como Deepak Chopra, Edgar Cayce, David Richo y el argentino Eduardo Zancolli han sido autores de maravillosos libros sobre hechos sincrónicos. En el caso de Zancolli, tuve la suerte de que nos visitara en la radio, en nuestro micro de «El combustible espiritual», y siempre recuerdo una historia sincrónica que él supo contar sobre una señora que estaba muy deprimida y a quien su familia decidió llevar a Mar del Plata para que este paseo la ayudara a aliviar su depresión. La señora comentó la situación con su terapeuta, valorando el gesto de sus seres queridos pero sin esperanza alguna de que el viaje fuera a mejorar su delicada situación anímica.

El profesional aprovechó la situación para preguntarle a su paciente qué hecho extraordinario podría hacerle cambiar su determinación de quitarse la vida durante su estadía en Mar del Plata. La mujer respondió con algo insólito y muy poco probable: que nevase en aquella ciudad entrada la primavera.

Sin embargo, como diría Goethe, la Providencia también se mueve y en Mar del Plata aquella primavera nevó y la mujer, lejos de quitarse la vida, interpretó aquel fenómeno meteorológico como una señal favorable.

No es que la mujer tuviera poderes para hacer nevar, simplemente estuvo en la ciudad en el momento oportuno; su deseo interior, interpretar a su favor las señales de la vida, armonizó con el hecho exterior, la nieve.

El libro de David Richo *El poder de la coincidencia* es un *best seller* mundial revisado y actualizado recientemente. Originariamente se llamó *Milagros inesperados*, y en este capítulo lo mencionaré en más de una ocasión, ya que ha sido una fuente interesante a la hora de investigar.

Mi contacto con este libro tuvo un aspecto sincrónico, ya que el tema de la sincronía había llamado mi atención desde hace un tiempo y el libro llegó a mí de manera inesperada. En una ocasión entré a un local de una cadena de librerías en un centro comercial de la ciudad de Buenos Aires, hurgué en los estantes buscando un regalo para mi hija y cuando fui a pagar la compra la empleada nos consultó a mi esposa y a mí si teníamos la tarjeta de compras de fidelidad de esa cadena. Tras responder que no, mi esposa detectó en su cartera una tarjeta de compra, válida como obsequio, que me habían enviado para comprar en esta librería y otras sucursales por una determinada cifra. Como ya habíamos pagado, para aprovechar la tarjeta, volví a recorrer nuevamente el local y ahí descubrí el libro de David Richo, que no dudé en llevarme.

La historia que acabo de contar es un ejemplo de sincronicidad, una pequeña coincidencia que termina siendo de gran ayuda (aquí podríamos hablar de sincronicidad redundante, ya que la sincronicidad consistió en toparme con un buen libro de sincronías).

La canción es la misma

La primera vez en mi vida que escuché hablar de sincronicidad fue en el año 1983, cuando tenía veintiún años y el grupo inglés The Police popularizó una canción que llevaba ese nombre; en realidad compusieron *Sincronicidad I* y *Sincronicidad II*.

En *Sincronicidad I*, Sting cantaba: «Un principio de conexión unido a lo invisible, casi imperceptible, algo inexpresable. Ciencia insensible, lógica tan insensible. Casualmente conectable nada es invencible.» En otro párrafo, la canción dice: «Si actúas como piensas, el vínculo que faltaba, Sincronicidad» y más adelante agrega «Una caída de estrella, una llamada telefónica. Nos une a todos, Sincronicidad». La canción termina diciendo: «Efecto sin causa, leyes subatómicas, pausa científica» y el estribillo repite «Sincronicidad».

La canción siempre me gustó por su ritmo pero durante muchos años no reparé en su letra, hasta que me volví a fijar en ella mientras preparaba esta parte del libro. Las fuerzas de las sincronías son hechos inesperados, funcionales al cronograma divino, los que fueron diseñados por Dios para nosotros. David Richo lo define así: «La sincronía te convierte en aquello que estabas destinado a ser desde siempre.» Lamentablemente muchas veces profundizamos más nuestros límites —que son inventados por nosotros mismos— que nuestro potencial, que nos fue dado por Dios.

Las sincronías nos ayudan, son señales que bien aprovechadas pueden cambiar nuestra vida favorablemente, pero para ello debemos estar despiertos espiritualmente. Es decir, con nuestros poderes internos desplegados y no adormecidos. El despertar espiritual es nuestro clic, es el punto de inflexión por el cual nuestros poderes internos dejan de estar paralizados.

Cómo aprovechar las sincronías y no dejar que el ego las descarte

Para capitalizar las señales que traen las sincronías, debemos dejar que armonice el mundo exterior con el espíritu; la sincronía no es algo que nuestro ego pueda generar y mucho menos controlar. Es el espíritu el que permite la conexión con lo que el universo nos tiene preparado, y es el universo el que conspirará para que aquello que nos ha preparado suceda.

El universo tiene un propósito para que sea realizado en ti, nuestros poderes internos pueden potenciarlo y el ego puede limitarlo. Si lo potenciamos podremos ir acercando el propósito interior con el acontecimiento exterior, hasta que ambos se terminen fusionando en un episodio sincrónico.

Cuando se une lo que el universo tiene planeado para nosotros con lo que nosotros queremos hacer con nuestra vida, llega nuestra realización, la instancia en la que pasamos a ser y no a querer ser. Las sincronías son de gran ayuda para la realización del ser; tal vez sea tiempo de averiguar lo que el universo desea de nosotros para entrar en sincronía con nuestra misión aquí.

La sincronía es como un golpe a lo previsible, un homenaje a lo inesperado, la unión de lo supuestamente imposible con lo fervientemente deseado. El ego, siempre ávido por tener razón, reacciona frente al acto sincrónico al que define como una mera coincidencia, una simple casualidad. Por el contrario, el espíritu sabe encontrarle al episodio el significado del mensaje que trae aquel acontecimiento supuestamente fortuito y que no es otra cosa que un hecho para el que fuimos llamados.

La sincronía sucede cuando se cruzan inesperadamente en nuestro camino aquellos hechos y personas que sacan a la luz nuestro potencial y lo ponen en marcha. Nada hay más oportuno que el hecho sincrónico, nada llegará más a tiempo que la oportunidad que la sincronía trae aparejada.

El espíritu desconoce el antes o el después, sólo conoce el ahora; el espíritu no conoce el casi ni el aproximadamente. La lotería no se pierde por un número, simplemente no se gana. La sincronía es precisión, sucede exactamente, se sirve del momento preciso para hacer su aparición.

El episodio sincrónico es aquel que nos sorprende de tal manera que nos hace pensar cuán afortunados fuimos, ya que las cosas se nos dieron con tal precisión, sincronicidad y fluidez que si lo hubiéramos planeado de esa manera no nos hubiera salido. Es decir, si hubiéramos entregado esa situación al ego controlador y planificador no lo habríamos logrado y, además, cuando le contamos a otras personas lo que nos pasó, en la mayoría de los casos concluirán que tuvimos mucha suerte sin detenerse a analizar si interiormente veníamos gestando este acontecimiento que por fin se hizo realidad. Lo mejor en estos casos es asentir y no dar demasiadas explicaciones; al ego le encanta darlas, al espíritu no. En espiritualidad solemos decir que «la verdad» no contesta.

La sincronía hace que aquello que tenga que ser sea. Una vez, sorprendido porque una pelota de tenis que pensé que había entrado dentro de la pista en realidad no entró, le pregunté a mi compañero Ricardo si se había ido por mucho y éste me contestó sabiamente que se había ido por lo suficiente para que no entrara. Así es como funciona la sincronía, no conoce el demasiado ni el apenas.

La sincronía es el resultado final de un ciclo que empieza siendo inconsciente para emerger a lo consciente; el propósito interno se sincroniza con el propósito externo en absoluta armonía.

La sincronía consiste en una simultaneidad de la realidad exterior que aparece para hacer visible lo que venía incubando nuestro mundo interior.

Tirando

En Argentina solemos responder de esta manera cuando nos preguntan: «¿Cómo andamos?» Sospecho que como país nos iría mejor si en lugar de decir que vamos tirando, pudiéramos decir que vamos fluyendo. Sinceramente son muchos los que no van ni siquiera tirando; en realidad, lo que hacen es tironear y en consecuencia son ellos mismos los que andan tironeados, esforzados y frustrados.

Al ego le encanta tironearnos con tal de que no seamos, el ego nos quiere hacer creer que la vida es lucha, pero termina haciéndonos luchar contra nosotros mismos. La sincronía pone en jaque al ego controlador con sorpresas que el ego tenderá a menospreciar. Todos podemos intentar salir de esta situación, salir de la ruptura y edificar un puente entre nuestra vida interior, sus fuerzas «dormidas» poderosas y los acontecimientos de nuestra vida exterior.

Cada uno de nosotros es dueño de escoger su rumbo, pero esto no es suficiente para que podamos ser quienes hemos sido llamados a ser. Es muy importante estar atento desde la intuición a las señales que llegan para favorecernos; esto requiere de una actitud más consciente, más sabia, que nos ayudará a desarrollar nuestro destino y no a tironear de él.

La sincronía permite que protagonicemos los hechos para los que fuimos hechos. Todos nosotros tenemos un potencial sincrónico y nuestro destino estará estrechamente relacionado a cuánto decidamos desarrollar ese potencial. Cada situación por la que atravesamos está vinculada con otra que atravesaremos, nada de lo que hacemos es en vano, nada se pierde, todo se transforma en algo futuro.

No existen los hechos aislados; en mayor o menor medida, no dejan de ser funcionales al potencial sincrónico y pueden ser afines a lo que nuestro interior está preparando para el desarrollo de nuestro destino.

No nos ha sido concedido el lápiz que sea capaz de escribir el punto final, apenas los puntos suspensivos. Creer que la propia obra termina es un gran error, nuestras acciones nos trascenderán para bien o para mal. El karma (causa y efecto) implica un efecto residual para cada acción.

Tus actuales acontecimientos pasan a ser los cimientos de tus próximos acontecimientos. Las consecuencias de lo actuado marcan el inicio de aquello en lo que nos tocará actuar. Es el antecedente el que incide en el consecuente, no hay eslabones perdidos, todo lo que hacemos y haremos es complementario y a su vez será complementado; el universo es el mejor historiador, nada queda fuera de la continuidad y la evolución.

Nuestro ego celebra y nos hace celebrar nuestra condición de únicos e irrepetibles, pero la mala noticia para el ego es que todos lo somos. No hay imprescindibles eternos (suele decirse que el cementerio está superpoblado de ellos), apenas necesarios perecederos.

La obra que realizamos nunca nos pertenece del todo, sólo permanecerá como propia nuestra condición de hacedores. A la hora de escribir esto siento que mi mayor mérito es no resistirme a escuchar el «dictado» y volcarlo a la página.

Una vez que sabemos cuál es nuestra tarea, llega lo más fácil. No dudes de que una vez que hayas descubierto lo que tengas que hacer, recibirás ayuda, el universo conspirará para que puedas hacerlo y recibirás la inspiración necesaria.

Dios está más interesado que nosotros mismos en que cumplamos la misión que nos ha encomendado, pero para eso debemos estar preparados. Siempre es bueno recordar que la misión le fue encargada al ser y no al ego.

Justo a tiempo

La palabra sincronía viene de combinar conexión y tiempo; la sincronía sucede a tiempo. Una de las principales razones por la que nos angustiamos es por nuestra ansiedad anticipatoria, situación en la que parecería que queremos dirigirle el cronómetro a Dios. Es paradójico y muchas veces difícil de entender: al ponernos ansiosos, en lugar de acercarnos al objetivo, nos vamos alejando de él, ya que lo que estamos haciendo es ralentizar el tiempo real y nuestro tiempo psicológico.

La espiritualidad me ha ayudado y me ayuda a diluir preocupaciones y ansiedades varias. Uno de los ejercicios a los que recurro y que me resultan de enorme utilidad es el de intentar centrarme en el ahora, en aquello que estoy haciendo en ese momento y no en lo que creo que estaré haciendo después.

Una frase que me ayuda en este cometido de centrarme en el presente es aquella que asegura que nunca debe darse nada por sentado. Sólo podemos dar por sentado aquello que está sucediendo, pero no aquello que creemos que sucederá o no.

Imaginemos un ejemplo: no puedes concentrarte en aquello que estás haciendo —supongamos tu trabajo— porque a la salida tienes planeado ir a jugar un partido de tenis o tienes una cita con alguien a quien deseas ver hace mucho. En este caso no es extraño que el trabajo no salga bien, ya que tu atención no se focaliza en él, y además el tenis puede suspenderse por lluvia o la cita cancelarse por razones ajenas a tu voluntad.

Una cosa es desear que algo suceda y otra cosa es salirnos del eje del tiempo y pretender manipular las manecillas y agujas del reloj cósmico. Una situación trae aparejada la otra, no es fácil evitarlo pero tampoco es recomendable anticiparse a los hechos que todavía no han sido «hechos» y que simplemente están por hacerse.

David Richo nos enseña que la sincronía es la sorpresa de que algo no planeado encaja de repente. Siguiendo esta definición podríamos decir que los hechos sincrónicos nos sorprenden por la manera en que encajan, hasta tal punto que, tras la concreción de un episodio sincrónico, es habitual que digamos algo así como: «No me lo puedo creer, me ha ido todo bien, todo perfecto, qué suerte he tenido, si me lo proponía no me salía, qué manera de fluir, esto sucede una vez cada mil años.»

Afortunadamente esto último no es real; lejos de ser situaciones «milenarias» en cuanto a su frecuencia, las sincronías suceden más a menudo de lo que imaginamos. No me refiero a hechos simultáneos, insignificantes, sino a coincidencias significativas.

Golpe sincrónico al ego

Nuestro contacto con el yo interior nos permitirá desarrollar nuestros aspectos intuitivos y de esta manera estar más preparados para capitalizar las señales que la vida emite.

La sincronía es un gran problema para el ego, ya que éste es incapaz de comprenderla. A fuerza de ser creativos, no sería descabellado imaginar un diálogo en el que la sincronía le dice al ego que se quede tranquilo, que es la vida la que se encarga y le recomienda soltar el control remoto porque él ya no controla nada.

Es habitual que en la radio o en alguna charla diga «si sucede, conviene» que no es otra cosa que una versión sofisticada del viejo refrán «no hay mal que por bien no venga».

Por supuesto que no desconozco que no podemos aplicar esto a todo lo que sucede en la vida, por ejemplo a situaciones trágicas: en la muerte de un chico es una frase muy difícil de entender, allí no hay «conveniencia». Sé que el «si sucede, conviene» es mucho más fácil de aplicar cuando el dentista nos hace esperar: primero me fastidio pero después aprovecho ese tiempo para revisar una presentación que no había podido repasar y que debo presentar a la salida de la consulta.

En uno y otro episodio hay razones para que

ambos hechos ocurran; en el caso de la muerte del chico, por más doloroso e injusto que nos parezca, seguramente habrá motivos y necesidades que el universo tendrá y que no son de nuestro agrado ni razonables pero que no nos quedará otra alternativa que aceptar. Se trata de un suceso que ninguna persona en su sano juicio puede desear para él o para nadie, pero si sucede habrá que ver qué es lo que hacemos con eso, cuánta compasión desarrollaremos, cuánto aprenderemos a valorar aquello que hemos perdido y qué potenciará en nosotros esa pérdida.

Es muy interesante observar cómo reaccionan aquellos padres que pierden un hijo, una vez superado un período prudencial de duelo inicial, sin que por esto superen el efecto atroz de la tragedia que les toca vivir. Son muchos los casos de quienes, a partir del dolor, acentúan sus aspectos solidarios, su necesidad de asistir espiritualmente a otros padres que atraviesen igual situación y de trabajar en los aspectos que llevaron a sus hijos a la muerte, para que no se repitan y no trunquen nuevas vidas.

Quisiera dar dos ejemplos vinculados con lo que acabo de mencionar. El primero de ellos se originó en la tragedia estudiantil en la que perdieron la vida diez alumnos del Colegio Ecos de la ciudad de Buenos Aires en octubre de 2006. Los chicos habían viajado a la provincia del Chaco con el fin de asistir a una escuela rural y sus vidas se apagaron cuando el autocar en el que regresaban chocó contra un camión que era conducido por un desaprensivo chófer que, bajo los efectos del alcohol, conducía su vehículo descontroladamente, en zigzag, por la ruta nacional 11.

Más allá del enorme dolor que acompañará a esos padres de por vida, éstos se organizaron para ayudar a cambiar la terrible situación vial que impera en Argentina, con el objetivo de convertir la prevención en esta materia en política de Estado. Con enorme esfuerzo y con la intención de que nadie más muera en Argentina por situaciones de tráfico evitables, lograron que se creara la Agencia Nacional de Seguridad Vial, que por primera vez a nivel nacional, entre otras cosas, prohíbe la publicidad y venta de alcohol en las carreteras, además de crear la Licencia Nacional de Conducir.

Es evidente que ninguno de estos padres hubiera deseado que un transportista se emborrachara mientras miraba un partido de fútbol y luego saliera a la carretera a matar a sus hijos a los que echarán de menos durante toda la vida. Pero sucedido el hecho, se disparó en ellos una inquietud solidaria y generosa por ayudar. Debo admitir que llevo en mi coche la pegatina que realizaron para promocionar su acción y que tengo a mano como recordatorio para evitar eventuales maniobras imprudentes de mi parte. La pegatina en cuestión dice: «Conduciendo a conciencia.»

Se fue para ser mi maestra

La otra historia que os quiero contar es la de mi amiga Josefina Kemp, quien en el año 1999 vivió la experiencia de perder a su hija de dieciséis años en un accidente de tráfico. Josefina cuenta que se sentía muy agobiada, ya que en su vida todo parecía ir mal, pero que en el año 2002 experimentó la maravillosa sensación de «encontrarse» con la energía de su hija Clarita, a través de lo que ella llama «un maestro catalizador».

En aquel encuentro Josefina sintió a su hija contándole muchas cosas, entre ellas la razón por la que había tenido que partir. Josefina asegura haber comprendido en ese momento que «la muerte no existe». Hoy es una maravillosa maestra espiritual que ayuda a cientos de personas que acuden a ella después de haber perdido a un ser querido o por otras cuestiones que Josefina intenta resolver o aliviar a través de la energía de su hija. Clarita le había pedido especialmente a su madre que trabajara con sus manos y asistiese a la gente, ya que ella la guiaría desde el «cielo».

Cuenta Josefina Kemp que era una señora de alto nivel socioeconómico con un marido acaudalado que tenía hasta su propio avión; sin embargo, asegura que no era feliz. Hoy se esfuerza para pagar el alquiler de su casa y vive de lo que le paga la gente que la consulta (yo fui uno de ellos). Paradójicamente, hoy asegura ser una persona plenamente feliz. Josefina nunca hubiera deseado haber tenido que asistir a la experiencia de enterrar a una hija, pero con el hecho consumado (sucede) da lo mejor de sí y transforma su dolor en amor (conviene).

Cuando Josefina me visitó en la radio en «El combustible espiritual», dijo: «La vida es una sola con diferentes reencarnaciones.» Esa tarde, después de contar su historia, recibió más de trescientos correos electrónicos de oyentes que querían consultarla. Uno de esos correos fue enviado por una pareja que, más allá de todos sus intentos y esfuerzos, no podían tener hijos. Después de que Josefina (con la guía de Clara) los atendiera, la señora quedó embarazada y dio a luz a una saludable y hermosa niña a la que por supuesto llamó Clara. Tal vez sea como dice Josefina: «La vida es una sola con diferentes reencarnaciones.»

Sigo pensando en «si sucede, conviene» y recuerdo por ejemplo que Alexander Fleming pudo descubrir la penicilina —que ha salvado la vida de millones de personas— después de un accidente en su laboratorio, hecho que le permitió involuntariamente realizar uno de los descubrimientos más grandes de la historia de la humanidad.

Sé que alguien podrá preguntarse: ¿cuál fue la conveniencia de algo tan trágico como el Holocausto? Reitero que «si sucede, conviene» no es desear que algo malo suceda sino ver qué puedo hacer, una vez sucedido, con aquello que me aconteció para que no se reitere. Más allá del enorme dolor es importante estar atento al «mensaje de la tragedia» y, aunque parezca cínico, a su probable e insuficiente «utilidad».

Paradójicamente, tres años después de que terminara la Segunda Guerra Mundial, en la que murieron seis millones de judíos, fue creado el Estado de Israel, un viejo anhelo de esta comunidad desde hace unos cinco mil años.

«Si sucede, conviene» no es forzar una situación adversa especulando con capitalizarla; «si sucede, conviene» se relaciona con una situación que yo no genero, al menos intencionalmente, sobre la que no tengo control y de la que más allá de la adversidad, dolor o perjuicio, adquiero aprendizaje, recibo enseñanza y mejoro algún aspecto de mí que ni siquiera yo sabía que poseía.

«Si sucede, conviene» se divide en dos partes: el suceso inicial sobre el que no tengo acción directa y su consecuencia en mí, en la que tengo inevitable participación. No se trata de propiciar intencionalmente un hecho desagradable y con morbosa curiosidad sentarse a esperar que algo bueno ocurra. «Si sucede, conviene» no es un cambio de lo malo que me sucedió con lo bueno que me sucederá. No implica comparar linealmente los perjuicios de lo que me pasó con los beneficios de lo que después me pasará. «Si sucede, conviene» es entender que esa conveniencia es funcional a un diseñador que es a su vez quien nos diseñó y que aquello que sucedió es necesario para el plan divino y la evolución de las almas, aunque no lo sea para nuestra limitada creencia.

Con todo el dolor inicial y toda la sabiduría posterior que éste trae, «si sucede, conviene» se relaciona con la posibilidad de entender que no puedo evitar lo inevitable pero sí transformar con el tiempo el dolor y la derrota, el fracaso o la pérdida.

El universo es sincrónico

Tomar conciencia de esto nos permitirá darle significación a esas coincidencias relevantes que desafían el concepto de causa y efecto. Se trata de episodios sutiles que representan una elevación vibratoria, una dinámica de contracción o expansión, según fuera necesario para la concreción sincrónica. La sincronía no tiene como objetivo traer un aprendizaje en sí mismo tal como sucede con el karma. La sincronía es la conclusión de una secuencia, la llegada de un suceso para el que ya estamos preparados. Aquel suceso es la «punta del iceberg» que emerge ante nuestros ojos, mientras que el proceso que lo antecedió es el enorme bloque de hielo que sigue oculto en la profundidad, coronado por la punta. Nada sucede porque sí, todo es una continuidad, lo que surge a la superficie es el último suceso, lo que queda en la profundidad es la secuencia que lo precedió.

Si empezamos a ser conscientes de la realidad sincrónica, si recurrimos a la propia sabiduría, si conectamos con la intuición, podremos aprovechar para nuestro beneficio aquellas señales que resultan útiles para el desarrollo de nuestra vida.

No debemos forzar sincronías, buscando en cada episodio una señal. No siempre una situación deseada, un hecho agradable o una persona amable son señales del inicio de una secuencia que finalmente se convierta en un episodio sincrónico.

Pequeñas historias propias

Muchas veces, a partir de *El combustible espiritual*, me han preguntado por qué una persona como yo se volcó hacia la espiritualidad. Generalmente respondo que un cúmulo de razones me llevaron a transitar este camino, entre ellas señalo el hecho de haber cumplido cuarenta años, haber cambiado de terapeuta, la lectura de algunos libros que me impactaron, además de la insatisfacción interior o vacío espiritual que experimentaba más allá de mi éxito profesional o material.

De todos modos, si debiera precisar una situación y una persona que fueron muy importantes para disparar mis ganas de cambiar, recuerdo una historia que sucedió en el momento más apropiado y que marcó el inicio de una etapa de desarrollo de mi adormecida espiritualidad.

Fue el día en que acudí a dar una charla en el Complejo La Plaza, ubicado en pleno centro de la ciudad de Buenos Aires. El auditorio estaba compuesto por centenares de estudiantes de periodismo. La charla reflejaba muy bien cómo me mostraba yo por aquellos días: crítico en exceso y muy a la defensiva, incapacitado de disfrutar el hecho de poder brindar aquella disertación. Debo aclarar que en ese momento no era consciente de ninguna de las características personales que acabo de exponer.

Una vez terminada la charla, un grupo de jóvenes se me acercó con el afán de consultarme sobre distintas cuestiones, algunos para solicitarme trabajo y otros para formularme preguntas vinculadas al quehacer radial. De pronto una de ellas, sin más, me espetó: «¿Cómo hace alguien como tú para vivir con tanto ego?» Mi primera reacción, propia de ese ego, fue decirle que no era así, que no era para tanto. Esa noche, al llegar a mi casa, me sentí mal por lo que me dijo aquella joven; sin embargo, algo dentro de mí me hacía saber que no estaba equivocada y que en mi interior anidaba una gran necesidad de cambio.

Hoy, desde la distancia, agradezco a aquella chica, que sin saberlo puso en marcha en el mundo exterior aquello que yo venía incubando en mi mundo interior. Hoy escribo esta historia sin jactarme de haber diluido por completo mi ego, pero lo hago agradecido por el hecho de haber dejado que la luz del ser haya penetrado en la oscuridad del yo.

Actualmente, cuando tengo la fortuna de ser invitado a dar una charla, recuerdo el consejo del maestro Wayne W. Dyer, y pateo al ego en el vestíbulo de entrada. A diferencia de lo que me sucedía, ahora disfruto, no me pongo a la defensiva y me permito ser yo mismo, lo que a su vez me permite compartir con el auditorio mi emoción y mi gratitud.

Un día del Padre muy especial

Allá por el mes de junio de 2009, un domingo en el que se celebraba el día del Padre, me tocó vivir una historia muy especial. Esa mañana recibí con gratitud el afecto de mi esposa y mis hijos cuando me trajeron a la cama todo su amor junto a un bonito regalo material. Pasado ese momento, me encontraba yo pensando recurrentemente en mi padre ya fallecido y una inevitable sensación de tristeza parecía invadirme, cuando de pronto un suceso inesperado golpeó literalmente a mi puerta.

Cuando fui a abrir me encontré con una persona a la que conocía del club al que voy los fines de semana, pero con la que no tenía relación alguna. Este muchacho, al que no imaginaba precisamente una persona sensible y solidaria, me explicó muy humildemente que necesitaba, a ser posible, de mi colaboración para una acción benéfica.

Lo increíble de esta historia es que Pablo venía a pedirme que me encargase de un evento caritativo a beneficio del comedor popular de la sinagoga a la que asistía mi padre habitualmente (situación que él desconocía) y al que yo acompañaba en la ceremonia del Día del Perdón.

Por supuesto que acepté con gusto la invitación, y con la ayuda de Dios y de los generosos presentes recaudamos una enorme cantidad de dinero, en una noche muy fría de invierno en la que poca gente se animaba a salir por la pandemia de la gripe A.

Es maravilloso cómo la vida nos sorprende con estos episodios sincrónicos: de la nada, en aquel día del Padre, apareció en mi realidad exterior un «ajeno» para concretar un episodio sincrónico, merced al cual el recuerdo de mi padre, a quien siempre tengo presente, se hizo más presente aún para que mi necesidad interior se convirtiera en un hecho real con el que pudimos ayudar y ser ayudados.

Aquel muchacho que venía de experimentar una profunda transformación espiritual que lo llevó a crear un lugar donde a diario comen más de doscientas personas, vino a mí en el momento justo en que la energía de mi padre se hizo presente para que mi añoranza fuera menor y mi esperanza, mayor. Las ganas de ayudar de Pablo, mis ganas de «sentir» a mi padre y honrarlo con buenas acciones y la conspiración del universo, hicieron posible esta historia sincrónica, cuyas señales supimos interpretar favorablemente.

La señal venció a la timidez

En más de una ocasión en un programa de radio escuché a una periodista que me pareció muy sólida y muy interesante. Una tarde me sentí muy identificado con lo que ella decía, hasta tal punto que si hubiera tenido a mano su número de teléfono móvil no hubiera dudado en llamarla para felicitarla.

Ese día conseguí el número de su móvil pero dejé el papel sobre mi escritorio, y cada vez que lo veía, me decía a mí mismo que tenía que llamarla, pero por timidez y prejuicio no lo hacía.

Poco tiempo después, el día de mi cuarenta y siete cumpleaños, una amiga mía me comentó que una periodista llamada Romina Manguel (la chica a la que no me animaba a llamar) había comentado en la radio que se había olvidado su móvil de última generación en un taxi y que el taxista se lo había devuelto con la condición de que ella contara que esa buena acción era fruto de su lectura de *El combustible espiritual*.

Emocionado y agradecido, ya no dudé en llamarla, tomamos un café y más allá de los lógicos temores y prejuicios con los que llegamos a la reunión, tuvimos tal grado de afinidad que a los pocos días se sumó a mi programa de radio, sin que esto implicase que dejara de participar en el programa donde yo la había escuchado, en Radio Del Plata.

En este episodio sincrónico, la señal que pudimos interpretar a nuestro favor Romina y yo fue la buena acción de un trabajador que con su actitud no sólo devolvió aquello que no le pertenecía, sino que marcó el camino para que dos personas pudieran concretar en el plano exterior aquello que hacía un tiempo venían gestando en su interior.

Las sincronías muchas veces comienzan con hechos que parecen ser negativos (os puedo asegurar que a nadie le gusta perder un teléfono, y mucho menos a un periodista) y se convierten en positivos. Aquello que en principio pueda resultar aterrador para el ego, termina siendo muy necesario para el ser.

Las cosas pasan para algo

En el mes de junio de 2009 quise darle un regalo a mi hijo, quien es fanático del equipo de baloncesto de la NBA de la ciudad de Los Ángeles conocido como «los Lakers». Recuerdo que era un sábado y desde muy temprano, con la ayuda de mi hermano, pugnamos por comprar algunas entradas por Internet para el cuarto partido de la final. Algunas horas después de haber iniciado el intento, pudimos comprar las entradas; mientras le pedía a mi hermano que las adquiriese, le avisé por teléfono a mi hijo de que íbamos a poder viajar a la ciudad de Orlando a ver el partido.

Una y otra vez el sistema rechazaba las tarjetas de crédito que utilizábamos y pasé de la excitación a la decepción. Tenía los billetes de avión y la reserva del hotel, pero por alguna «extraña» razón no había forma de concretar la compra de las entradas.

En medio de esa situación llegó mi hijo a casa, pero lejos de mostrar alegría por lo que le había comunicado, lo noté apesadumbrado. Me dijo que se acababa de clasificar para la final del torneo de tenis que estaba disputando y que si íbamos a ver el partido de baloncesto, él no podría jugar ese torneo, para el que se acababa de clasificar y con el que siempre había soñado.

Tomé nota de lo que sucedía, y agradecí el hecho de no haber podido comprar las entradas, las que con tanta insistencia había intentado conseguir y que con tanta resistencia se me habían negado. Volví a intentarlo, esta vez para el quinto partido, el que se jugaba el domingo por la noche (un día después de la final de tenis que mi hijo debía disputar), y logré mi objetivo.

Realmente todo salió a la perfección. A diferencia del cuarto partido, el quinto era decisivo ya que, en caso de ganar, los Lakers serían campeones, cosa que finalmente sucedió con nosotros como testigos, en una noche en familia que jamás olvidaré. Además, fue una especie de revancha para mi hijo, que el año anterior había viajado a Los Ángeles a ver a su equipo, que había sido derrotado como local contra los Boston Celtics.

Hoy, desde la distancia, agradezco enormemente haber presenciado ese maravilloso evento y también el hecho de no haber podido comprar las entradas para el cuarto partido.

La sincronía nos hace saber que a una determinada persona, hecho o lugar, llegaremos inevitablemente cuando tengamos que llegar. La sincronía esquiva el apuro del ego, que cree poder utilizar el reloj de los acontecimientos.

Los hechos sincrónicos, una vez que son detectados por nosotros, se dan con más frecuencia de lo que suponíamos hasta ese momento y nos permiten hacer realidad en el mundo exterior una necesidad que surge de nuestro mundo interior. Repasando algunos episodios de mi vida, recuerdo que el día que vi por primera vez a mi esposa, más de veinte años atrás, comenté con un amigo que me casaría con esa chica. El mismo día que tenía el examen de acceso a la escuela de Periodismo Deportivo tenía el examen en la escuela de Periodismo General. Admito que me gustaba la idea de ser un periodista especializado en deportes, pero lamentaba el hecho de no poder entrar en el Instituto Grafotécnico, donde podría graduarme como un periodista con mayor formación general. La situación me angustiaba, ya que me enfrentaba a un gran dilema, que no podía resolver por mí mismo.

La coincidencia significativa fue que se suspendió el examen en el Grafotécnico, pero pude aprobarlo un par de días después. Sin embargo, no pasé la prueba de acceso al Círculo de Periodistas Deportivos, donde más allá de sacar muy buenas notas en Redacción y Conocimientos Deportivos, no aprobé en Lógica, paradójicamente la única materia que había preparado. Hoy sé que este hecho, que en su momento me dolió, fue decisivo y favorable para el desarrollo de mi carrera.

Otro episodio que quisiera compartir marcaría mi «destino habitacional». Recuerdo haber visto con mi esposa un apartamento que nos había encantado y fue enorme su decepción cuando fue vendido a otra persona. Pocas veces la vi así por un hecho material. Impresionado por su reacción, aunque también movilizado por mi convicción de que ése era el lugar donde queríamos y podíamos vivir, fui a ver al encargado del edificio, quien me aseguró que ese mismo día se había puesto a la venta otro apartamento ubicado en un piso más alto. Es el lugar donde vivo desde hace diez años y en el que estoy escribiendo esta historia.

Siempre que leí libros vinculados con el mundo espiritual, tuve el sueño o la fantasía de escribir uno. Sin embargo, mi timidez hizo que nunca me animara a ofrecerlo a una editorial y además suponía que era una tarea que requería de una constancia de la que yo no dispondría. Paradójicamente, vinieron a proponerme que escribiera un libro sobre un tema que no era de mi interés, por lo que agradecí la deferencia de que me tuvieran en cuenta y respondí que de ser posible quería escribir sobre espiritualidad. Por fortuna mi necesidad interior se hizo realidad en el mundo exterior, ya que generosamente y sin reparos, Editorial Planeta aceptó de buena gana y editó *El combustible espiritual*.

Años atrás, una mañana muy temprano, cuando iba para la radio sufrí un espectacular accidente que afortunadamente no generó heridas, ni en el conductor que me embistió ni en mi persona, más allá de que mi vehículo volcó y se deslizó sobre el techo durante unos cuantos metros hasta que finalmente se detuvo. Agradecido por el hecho de que el siniestro no hubiera sido fatal ni mucho menos, esa situación hizo que cada mañana antes de ir muy temprano a trabajar, y a costa de resignar algún tiempo de sueño, destine veinte minutos a meditar en mi casa y a entregar mi día a Dios, antes de salir de casa.

El tiempo de los sucesos sincrónicos está marcado por el ritmo divino. Cuando el reloj interior concuerda con el reloj exterior, llega a tiempo el episodio sincrónico. Dice David Richo: «La sincronía es la unidad del mundo con nuestro ser interior.»

Recuerdo la mañana que mi padre, ya muy enfermo, a punto de ser ingresado una vez más, le dijo a mi hermano con la «sensatez» que caracterizaban sus dichos, «esto no da para más»; horas después fallecía, tras repetir una y otra vez que quería ir a «casa». El día anterior, con las pocas fuerzas que le quedaban, fue a la oficina donde trabajaba para dejar los «papeles en orden» y no dejarnos a mi hermano y a mí problemas que él quiso solucionar antes de partir.

La sincronía permite el encuentro del misionero con su misión, del protagonista con su momento y del ser con su destino. El padre de un amigo mío buscó durante más de cuarenta años a sus hermanas, a las que nunca había conocido. Él había nacido en Austria y tenía información de que ellas habían nacido en Argentina pero habían emigrado a Estados Unidos, mientras que él había fijado su residencia en Buenos Aires. Por aquellos tiempos no había Facebook, no había Internet ni otros prodigios tecnológicos, por lo que su búsqueda había resultado infructuosa.

A finales de los años ochenta, mi amigo Renato buscaba un apartamento para alquilar en San Francisco, California. Una tarde caminaba por la calle y encontró en el suelo un impreso de una inmobiliaria con la que contactó para concretar el alquiler. La persona que lo atendió le pidió sus datos y ante la sorpresa de que se apellidaba Saphir, le comentó que justamente el apartamento que le ofrecería para alquilar era de un señor que se llamaba igual.

De esta forma fortuita terminaría una búsqueda de más de cuatro décadas: el dueño del apartamento resultó ser familiar y de esta manera el padre de Renato se pudo reencontrar con las mellizas que su padre había tenido con otra pareja, y a las que él nunca había conocido. La historia no sólo sirvió para el reencuentro, sino también para la reconciliación, ya que una de las hermanas vivía en Canadá, la otra en California y estaban peleadas.

En el instante en que las sincronías se concretan, lo espiritual se funde con lo físico y armoniza lo que el interior nos venía pidiendo con lo que el exterior venía ofreciendo. Oscar Wilde decía que la postergación era asesina de la oportunidad; la sincronía es el abrazo que el momento justo se da con la ocasión apropiada.

La sincronía señala el destino y es el mejor instrumento para superar un dilema. Muchas veces, antes de tomar una decisión en la que hay dos posibilidades en juego, lo más conveniente es entregar la situación a la espera de un hecho que nos ayudará a tomar la determinación que creamos correspondiente. Nunca trato de tomar una decisión desde el ego, no hay mejor camino que el espiritual para captar la existencia de un hecho sincrónico. La espiritualidad marca la predisposición del mundo interior para su encuentro con la circunstancia exterior. La sincronía alinea nuestra actitud con la llegada del suceso que estamos a punto de protagonizar.

Ovidio decía que el azar es siempre poderoso y que debemos tener el anzuelo siempre listo, ya que en el estanque más inesperado encontraremos un pez.

Germán Castaños cuenta en su libro *Ideas Vip* (Casos extraordinarios de creatividad e innovación) que en 1946 Percy Spencer, ingeniero de una compañía norteamericana, realizaba pruebas con un generador de alta frecuencia cuando observó cómo se derretía el chocolate que llevaba en su bolsillo. Este «accidente» fue el origen de su gran invento: el horno microondas.

En 1978, a partir de la creación de un equipo de audio portátil y estéreo pero con escasa potencia, la firma Sony crearía uno de los máximos éxitos de su historia e icono del mundo de la tecnología. A instancias de su presidente de aquellos días, Maseru Ibuka, que sugirió incluirle auriculares, nacía el walkman.

El para qué sincrónico

El ser espiritual entiende el propósito de la sincronía como parte de un orden divino: detrás del acto sincrónico que se le está revelando, no sólo se halla una coincidencia significativa, sino una causalidad revelada. La sincronía nos permite intuir el plan que el universo tiene para nosotros, esa intuición nos ayuda a hacer coincidir de manera trascendente nuestros deseos con los planes cósmicos.

Carl Jung hizo un ensayo en el que denominó a la sincronicidad como: «Un principio acausal de conexión.» Es esa «acausalidad» la que como creyente me conmueve y estremece: se trata del universo desafiando las reglas de causa y efecto.

Muchas veces las sincronías surgen del mundo de los sueños, en algunos casos como elemento premonitorio y en otros como respuesta del mundo interior a aquel interrogante que el mundo exterior nos venía escatimando.

Al cerrar este capítulo, me doy por satisfecho si al menos a través de estas páginas logro transmitir la necesidad de expandir la conciencia sincrónica, que nos permite estar atentos a los acontecimientos que se hacen visibles, alineados con nuestro mundo invisible.

Somos agentes sincrónicos que podemos ayudar a desarrollar nuestro potencial para darle el uso para el que fue destinado. La sincronía trae un mensaje del universo, un mensaje funcional a la realización de un propósito, una señal que sirve como guía a la hora de tomar una decisión.

En su libro *Sincronicidad, pequeñas coincidencias que son de gran ayuda*, su autor, Mark Thurston, señala que la sincronía desafía la lógica causa-efecto y propicia una serie de acontecimientos externos concordantes y coincidentes con el patrón interno de nuestras almas.

La sincronía es la confirmación de que algo revelador y significativo está sucediendo. La ley universal que complementa a la ley de causa y efecto está a tu servicio, sírvete de ella.

6
MI LIBRO ROJO

Mi primer intento como «escritor» data del año 1975, cuando tenía trece años y era un apasionado del fútbol: ante el advenimiento del Mundial de 1978 que iba a celebrarse en Argentina, pegaba fotos alegóricas y escribía textos y epígrafes en un cuaderno Rivadavia de tapa dura.

Veintiséis años después, a las puertas de la crisis argentina de 2001, las empresas decidieron reducir de manera drástica los presupuestos destinados a obsequios a periodistas. Coca-Cola de Argentina no fue la excepción y para el día del Periodista me envió un libro rojo con tapas duras que llevaba como título: «Las cosas de todos los días que no son cosas de todos los días.»

Este raro ejemplar de páginas en blanco tenía como «autor» a la persona que lo recibiera y en mi caso, lógicamente, decía Ari Paluch. En la página inicial, en lo que sería una especie de prólogo, se explicaba que el libro aún no decía nada pero pronto hablaría de esa persona a la que le fue enviado. Se invitaba a relatar las historias más emotivas y las más divertidas y se sugería describir lo mejor que ofrece la vida.

Tiempo después empecé a hacer terapia con Gustavo Bedrossian, quien me contó que había sacado su libro *Ánimo a pesar de todo*. Después de felicitarlo le hice una broma y le comenté que yo también había escrito uno, y le mostré el libro rojo con páginas en blanco, que me tenía como «autor».

La historia siguió de esta manera: cada vez que Gustavo me visitaba, sus palabras y reflexiones me parecían tan interesantes que empecé a tomar nota y a escribir otros pensamientos en el libro rojo, que poco a poco dejó de tener sus páginas vacías.

Algunos meses después Gustavo editó un nuevo libro y me pidió que me encargara del prólogo; el círculo virtuoso no paró de alimentarse. Cuando Editorial Planeta me contrató para que escribiera *El combustible espiritual*, fui yo quien le pidió al doctor Bedrossian que escribiera la introducción.

En la Feria del Libro 2008, Dios fue muy generoso conmigo, ya que no sólo *El combustible espiritual* fue el libro récord en ventas de aquella edición, sino que además cientos de personas concurrieron al evento para que les firmara un ejemplar y posteriormente llenaron un enorme salón, donde presenté *El combustible espiritual* acompañado por Gustavo.

Aquella noche mostré el proceso creativo de la obra, expresado en tres partes. El libro rojo con sus páginas ya no tan en blanco, los apuntes que escribía a mano en un bloc de hojas amarillas que después pasé al ordenador y finalmente el «libro verde» editado.

La historia no terminó ahí. Tiempo después Editorial Planeta contrató a Gustavo Bedrossian para que escribiera un nuevo libro, y Coca-Cola de Argentina me invitó a asistir a los Juegos Olímpicos de Beijing. Siete años después de aquel «bajón de presupuesto», que marcó el inicio de la secuencia, la empresa me hacía una invitación maravillosa para un evento formidable que siempre recordaré.

En aquel viaje al que me invitó Francisco Crespo, «mi primer amigo ecuatoriano», inicié una hermosa relación con otro ejecutivo de la compañía, Mariano Rossi, quien no sólo me obsequió con su amistad, sino que además me regaló la estilográfica con la que escribí gran parte de los apuntes que dieron forma a este libro.

Cuando volví de China, Fabricio Ponce García, «mi segundo amigo ecuatoriano», alto ejecutivo de la embotelladora Fensa, encargada de los productos de Coca-Cola y lector ferviente de mi primer libro, me convocó para dar una charla en la empresa, con tanta fortuna que después hizo lo propio en otras cinco ocasiones, en las que compartí charlas sobre espiritualidad con todo el personal.

El final de este relato llegó por correo electrónico: Planeta me envió el diseño de la cubierta de *El combustible espiritual 2* y, para mi sorpresa y agrado, la edición para Latinoamérica del nuevo libro tenía la portada de color rojo, como el libro de las hojas en blanco, cuyas anotaciones principales comienzo a compartir a partir de aquí con vosotros.

Traiciones

Aquel miércoles recibí a Gustavo muy preocupado por una discusión que tuve con un amigo, situación que no había deseado. El tono de la disputa hizo que me sintiese muy mal por las palabras con que esta persona se había dirigido a mí.

Gustavo escuchó atentamente mi relato y entendió que me había sentido traicionado y me dijo una frase que anoté para nunca más olvidar: «La traición es algo que otros nos hacen, la amargura es algo que nosotros nos hacemos.»

Ese día aprendí que no podemos cambiar lo que los otros nos hacen —por ejemplo, traicionarnos— pero sí podemos cambiar lo que nosotros nos hacemos —por ejemplo, amargarnos.

Éxito vano

En aquella sesión, como en tantas otras, Gustavo escuchó una vez más las quejas que yo le transmitía acerca de mi carrera. Independientemente de que ésta marchara muy bien, pero no lo suficiente para que mi ego se diera por satisfecho, seguí adelante con mi monólogo tanguero.

Una vez hube terminado, Gustavo me sugirió que aprendiese a saborear lo que me estaba pasando, que aprendiera a usar la pausa, y que revisara periódicamente los motivos que tenía para celebrar.

Al término de la charla supo rematar el concepto maravillosamente: «No te sumes al equipo de los que fracasan al triunfar.» Cogió su americana y se despidió hasta la próxima.

Misión por arriba del ego

Allá por 2005, en las primeras sesiones, de manera recurrente, yo solía contarle a Gustavo mis padecimientos laborales, que no eran tantos, aunque yo creía que sí. Era habitual que me centrara en ellos mucho más de lo que lo hacía en mis logros en la materia.

Tenía la costumbre de evaluarme cada día desde el ego y experimentaba sensaciones encontradas, que a veces me hacían sentir como un genio y otras como un necio.

Gustavo me ayudó a transformar mi vida en ese aspecto y aprendí a ir cada día a la radio para dar aquello que me ha sido dado. Hoy voy a mi trabajo a hacer bien, e independientemente de quién o quiénes puedan estar escuchándome, siento con humildad que puedo ser la solución para la necesidad de alguien.

Cartas malas

En aquellos tiempos yo destinaba gran parte de cada sesión para plantear mis insatisfacciones que no eran más que el producto de un ego desbordado y de una intensa ciclotimia. Lógicamente, había algunas semanas en que las cosas salían peor que en otras y esto hacía que mi nivel de insatisfacción se incrementara notablemente.

Gustavo tomaba nota con atención y los días en que las cosas no parecían venir del todo bien me sugería que tomase el ejemplo de los buenos jugadores de cartas que, cuando peores cartas tienen, más se las ingenian para demostrar su habilidad en el juego.

Gustavo Bedrossian me dijo algo que siempre trato de tener en cuenta: «Hay que reconciliarse con los momentos en que las cosas no van del todo bien; en la vida hay actividades de mantenimiento y otras de crecimiento.» Ese día, cuando se despidió, supe que esa sesión había sido una actividad de crecimiento.

Ir hacia el interior

Cuando reviso el «viejo libro rojo» para escribir mi «nuevo libro rojo», puedo observar en función de las fechas y el paso de los años cómo Gustavo me ayudó a transformar los temas que más me inquietaban y a transitar con menor dificultad mi camino espiritual.

Poco a poco, el terapeuta psicoanalítico fue dando paso al psicólogo espiritual, que con mucha humildad y sin pretensiones de gurú, supo guiar mi necesidad de vivir una vida espiritual pero no separada del día a día. Paulatinamente fuimos dejando de lado aquellos temas que al principio eran recurrentes en mi retórica, como el éxito, el reconocimiento, las metas y los proyectos, para pasar a hablar y a entender hacia dónde realmente quería orientar mi vida.

En aquellas sesiones comencé a comprender, más allá de las tentaciones, qué era lo importante en mi vida. De hecho, Gustavo me incitaba a describirlo y a escribirlo. Hoy disfruto de poder leer aquellos apuntes en donde dejo registro del enunciado de la que considero mi misión personal. Es ahí donde resalto la importancia que le otorgo a aceptar trabajos que me concedan un amplio margen de libertad, aun en detrimento del índice de audiencia, el reconocimiento y la recompensa material.

En las páginas, ya no tan blancas, de «mi viejo libro rojo» supe escribir que ser consciente de cuáles son mis fortalezas en la vida es algo muy parecido a la felicidad y, como cuando era pequeño e iba en autobús, una voz me pedía que me fuera hacia el «interior».

Ansiolíticos

Después de hacer terapia con un eminente psiquiatra que me diagnosticó como una persona preocupada y quiso recetarme algún fármaco, inicié mi terapia con Gustavo Bedrossian, quien por cierto notó mis preocupaciones pero me «recetó» otro tipo de remedios.

Cada vez que yo le planteaba mis miedos, mis quejas, mis preocupaciones, Gustavo me escuchaba casi sin interrupciones y después me preguntaba una y otra vez hasta que me iba «dopando» con sus reflexivas «píldoras». Él me recomendaba que, sin dejar de tomarme las cosas en serio, no dramatizara y que aprendiera de algún modo a reírme de los obstáculos. Aún recuerdo una de sus frases «calmantes»: «Ari, finalmente el volante está en manos de uno, muchas veces lo que nos parece un problema probablemente no lo sea, Dios siempre tiene preparado algo mejor.»

En otra ocasión su voz supo contener a mi ego demandante que no paraba de pedir afecto y reconocimiento. Después de que por enésima vez le vomitase «el rap de la insatisfacción», terminó de escuchar toda la letra y me dijo: «Y si no te quieren, ¿qué?»

En las ocasiones en las que la queja o el temor venían por el lado de la carencia, de la preocupación injustificada por lo material, habida cuenta de que trabajo no me faltaba, sabía decirme aquello que me ayudaba a recapacitar. Tengo anotado en mis apuntes una de sus respuestas a este tipo de reclamos: «Dios te quita y Dios te da; tranquilo, la prosperidad no siempre es una bendición.»

Somos malos pronosticadores

Ésta es una frase que Gustavo Bedrossian suele repetirme y se ha convertido en un dicho al que recurro frecuentemente, ya que me ayudó mucho a aligerar mi equipaje de preocupaciones. En marzo de 2004 se la oí decir por primera vez y a partir de ahí la utilicé mucho en mis programas de radio, donde lo coyuntural de los temas que abordamos a diario nos convierte en apresurados pronosticadores sin más fundamento que nuestra prisa y nuestra reacción impulsiva.

«Somos malos pronosticadores» precede a «nunca des nada por sentado» y es un maravilloso recordatorio de la necesidad que tenemos de vivir en el aquí y en el ahora, condición fundamental de la vida espiritual.

«Somos malos pronosticadores» me ayuda a reducir la angustia anticipatoria y a entender mejor el famoso «somos lo que pensamos». «Somos malos pronosticadores» me hace recordar el cuento del campesino chino que a todo acontecimiento, independientemente de lo afortunado o desafortunado que podía parecerle a los demás, respondía: «Buena suerte, mala suerte, quién sabe.»

Tal vez nuestra condición de malos pronosticadores (aunque no incluyo en esto al Servicio Meteorológico) sea una bendición; en todo caso, maldición sería que fuésemos no malos pronosticadores, sino malos hacedores.

Dejemos los pronósticos para Dios, que se «encarga» del futuro y encarguémonos nosotros del presente, sí, del presente, que es un regalo, aunque tanto nos cuesta entenderlo.

Una condena no hereditaria

Muchas veces llegamos a terapia convencidos de que la historia de nuestros padres terminará por repetirse en la nuestra, como si fuera algo lineal e inevitable, aunque sean muchos los aspectos en los que nos queremos diferenciar.

Proyectamos que la forma en que ellos se relacionaron como pareja o como progenitores, el modo en que administraron el dinero, cómo fueron como hijos, etc., seguramente se repetirá en nuestras vidas.

No quisiera ser mal interpretado, no desconozco la admiración que podemos tener por algunos hechos o conductas con los que nuestros padres nos hayan marcado, de alguna u otra manera. En mi caso, mi padre debe de ser el hombre al que más quisiera parecerme en muchas de sus facetas, pero no es a esto a lo que me refiero. Simplemente intento expresar que aquellas cuestiones relevantes que nosotros no hemos elegido para nuestra vida no tienen por qué formar parte de ella por una mera cuestión cultural o hereditaria.

En alguna ocasión, cuando me mostré temeroso de ser un repetidor de las conductas recurrentes y resultados no deseados de la vida de mis padres, que por cierto no quería para mí, Gustavo supo responderme: «No estamos condenados a repetir la historia de nuestros padres y abuelos.»

No estamos forzados por ningún mandato por más arraigado que aparezca ni por ningún destino inevitable; así como se dice que el niño aprende lo que vive, podríamos decir que el adulto puede vivir lo que aprendió a elegir.

Podemos honrar voluntariamente en nuestras vidas aquellos valores que más admiramos y que más nos inspiraran de nuestros padres, pero no tenemos obligación alguna de protagonizar ni sus sueños ni sus pesadillas.

7
CÓMO OLVIDARSE DEL PROPIO EGO PARA ALCANZAR LA FELICIDAD

Muchas veces oímos decir a una persona que se «rompe el alma» y que, a pesar de eso, le va muy mal, mientras que a otras personas les va muy bien y el secreto de su éxito estriba en que tienen mucho ego.

Aunque parezca mentira, estos comportamientos y, en definitiva, estas creencias son habituales y de alguna manera explican el porqué de tanto agobio y frustración en mucha gente, más allá de sus intentos por cambiar para mejor sus vidas.

Con respeto y discernimiento, intentaré en este capítulo explicar la razón de muchos de los errores que cometemos a la hora de elegir con quién aliarnos para lograr nuestros propósitos.

Lo primero que debemos saber es que «romperse el alma» no es posible; en segundo lugar, el solo hecho de intentarlo no aparece como recomendable para quien quiera vivir una vida en paz y plenitud. Más allá de lo que muchas veces queremos creer o nos quieren hacer creer, el éxito real y el ego desmesurado no son compatibles; por lo tanto, uno de los dos debe desaparecer.

«Romperse el alma», si fuera posible, o cuando menos probarlo, se convertiría en una acción destinada a debilitar por completo nuestra fortaleza interior y en consecuencia a eliminar toda posibilidad de gozo espiritual.

El ego dominante es la muestra más acabada de la separación que el hombre procura concretar en su relación con el creador. «Romperse el alma» sería romper todo vínculo con su porción divina y su tesoro interior; se trataría de un esfuerzo vano que lo dejaría fuera del alcance de la gracia divina.

Basta de obsesionarse con «romperse el alma»; no creo que ninguno de nosotros recomiende que para obtener una riqueza haya que romper una joya o que para ahorrar dinero haya que quemar billetes; por lo tanto, ¿qué lógica tendría romperse el alma, en lugar de desarrollarla?

Nuestra labor cotidiana no es «romperse el alma» sino diluir el ego, para deshacernos de su neurosis, su egoísmo y su finitud y para poder propiciar nuestro «yo divino». En el libro *El destino del alma*, de Mark Prophet y Elizabeth Prophet, ambos autores explican que el ego es la sede de todos los problemas del hombre. Los complejos de inferioridad y de superioridad giran en torno al orgullo y la frustración del ego. Aunque todos nosotros sabemos esto, permitimos igualmente que el ego nos convierta en víctimas de los impedimentos que nosotros mismos nos creamos.

Olvidarse del propio ego no significa otra cosa que aspirar a la verdad y empezar a alcanzar la felicidad no es más que empezar a ponerle punto final a la mentira. Cuando empezamos a querer olvidarnos de nuestro ego, dejamos de oscurecer nuestra vida, y cuando empezamos a querer alcanzar la felicidad, empezamos a iluminar nuestra vida.

Somos seres de luz, creados a imagen y semejanza de la divinidad, razón suficiente para no alejarnos de nuestra esencia, de nuestra fuente creadora. Nuestro padre nos ha dado el libre albedrío para elegir, pero también nos ha expuesto a la consecuencia de nuestra acción, consecuencia kármica que se inscribe en la ley circular de la vida.

Todos tenemos la opción de elegir con quién identificarnos; podemos hacerlo con quien nos ha creado a su imagen y semejanza o con el ego, al que hemos creado nosotros y al que podemos desvalorizar antes que él lo haga.

Cada día que empieza tenemos las manos libres para elegir qué día elegimos vivir y qué camino queremos transitar; no estamos obligados a elegir el sendero espiritual, el hecho de elegirlo por nosotros mismos no hace más que ratificar que nuestra decisión ha sido correcta.

Cuando voy a la heladería, nadie me obliga a elegir entre distintos sabores, por ejemplo, el de chocolate o el de dulce de leche, pero bastó que los probara para preferirlos sobre los otros. No descarto otros helados, pero a la hora de elegir, en la mayoría de los casos, mi elección es la misma. Algo semejante sucede con el sendero espiritual, una vez que has empezado a recorrerlo, se te cruzarán otros caminos pero, inevitablemente, querrás regresar a él.

Dios nos ha concedido el libre albedrío para que cada vez que lo elijamos a él, lo hagamos con alegría por la decisión tomada y no por temor humano o supuesta imposición divina.

No conozco verdaderos sabios que impongan su conocimiento. Dios, el más grande de los sabios, no es la excepción. Una vez que dejamos a un lado el orgullo y podemos salir del control del ego, estamos bajo los influjos de la gracia divina.

Cuando reducimos la acción del ego sobre nuestra vida, agrandamos la acción de Dios en nuestros días. Cuando empezamos a querer alcanzar la felicidad, dejamos a un lado nuestro ego y permitimos el ingreso del ser a la mente infinita de Dios; pero para que esto suceda, debemos entregarle a Él nuestra mente finita.

¿Por qué razón, entonces, deberíamos elegir depender del ego, caprichosa criatura con la capacidad de razonamiento de un chico de cuatro años, si tenemos a disposición a un sabio eterno que nos colma de paz y amor?

La gracia divina y el esfuerzo humano

El esfuerzo del hombre (aquello que vulgarmente denominamos «romperse el alma») lo convierte en un «desgraciado», si es que su forzada labor no se ve complementada por la gracia de Dios. El estado de gracia al que todos aspiramos se hace realidad cuando nos permitimos ser alcanzados por los «rayos» de Dios, en lugar de alejarnos de Él con nuestras acciones y actitudes.

El ego, que incluye el esfuerzo en sus formas habituales, espanta a la gracia. Suelo recordarte que Dios no «habla en ego», Dios y el ego no se conocen y por lo tanto no se comunican. Si yo me dirijo a otra persona en un idioma que ésta desconoce, lógicamente no podrá responderme; de igual modo sucede con nuestra comunicación con Dios: si le hablamos en ego, no nos responderá.

El esfuerzo necesita de la gracia, y la gracia requiere que le hagamos sitio. Funciona de una manera semejante a una situación en la que deseamos introducir un gran elemento inflable dentro de nuestro coche y no podemos hacerlo hasta que no lo desinflemos. Lo mismo sucede con el ego: hasta que no lo desinflemos, no haremos sitio a la gracia divina en nuestra vida.

Insistir con «romperse el alma», poner todo en manos del esfuerzo y en la mal llamada «fuerza de voluntad» o «amor propio», cerrará toda posibilidad de resultar agraciado. Si en lugar de «rompernos el alma», intentásemos armonizarla, podríamos reducir nuestra necesidad desmesurada de mostrarnos como personas esforzadas que a su vez son víctimas de su propio esfuerzo.

Lo habitual es conectarnos con el ego, hacer nuestra labor y reprochar a los demás el «esfuerzo» que hacemos por ellos, aunque probablemente nadie nos ha exigido que hagamos aquello que ahora echamos en cara. Cuanto más nos esforzamos, más nos empecinamos y fracasamos una y otra vez y, sin evaluar la conducta o comportamiento que nos lleva al error, nos centramos en nuestra condición de fracasados, de «desgraciados».

Es en ese momento, cuando el ego irrumpe con toda su locuacidad y dispara frases tales como: «Te esfuerzas, no obtienes buenos resultados, tienes mala suerte, otros que no tienen tu capacidad ni hacen tu esfuerzo son más exitosos, tienen más suerte, etc.»

Después de semejante monólogo, quedas abrumado y sólo piensas en pedirle a Dios que se termine esta «racha» de una vez, y mirando al cielo dices: «Pero, Dios mío, ¿yo qué te he hecho?»

Después de la queja y el intento de hablar con Dios en ego, el paso siguiente es el sarcasmo y a éste le sigue la falta de fe, la envidia por el «éxito» de los demás y la desdicha por el fracaso propio. «Querido desgraciado», es hora de «agraciarse», de no esforzarse más en vano y de cambiar las fórmulas que siempre repites y que te hacen reiterar los mismos resultados. ¿Qué es lo que te hace pensar que si repites las acciones equivocadas, dejarás de obtener los malos resultados de siempre? ¿Eres de aquellos que suponen que esto cambiará con un «golpe de suerte»? No es esto precisamente de lo que hablamos cuando nos referimos a la gracia divina.

El esfuerzo (forzar algo más allá de su cauce natural) no es hacer lo que te corresponde para después esperar ser agraciado. Nada en la naturaleza es producto del esfuerzo, todo en ella discurre naturalmente; si algo se sale de su cauce, si algo se «desmadra» de la madre naturaleza, mucho tiene que ver con lo que el hombre hace con ella, o con lo que Dios tiene preparado para sus hijos.

La gracia divina no llega porque sí, no es gratuita; aquel hecho o conducta que logramos alejar de la esfera del ego es el paso previo e imprescindible hacia el cambio positivo. La gracia divina recae sobre quien sabe aceptarla, es el don que viaja cual flecha que Dios dispara sobre aquel que sabe administrar su don.

La fuerza de voluntad es limitada, la gracia divina no, porque es la voluntad de Dios la que llega una vez que manifestamos nuestra voluntad de aceptarla. El esfuerzo humano despojado de la voluntad del Espíritu Santo carece de toda gracia, el esfuerzo necesita de la gracia, la gracia encarna al refuerzo que necesita el esfuerzo, refuerzo que llega a tiempo para darle sentido al esfuerzo humano.

La labor del hombre no termina hasta que la gracia divina no comienza. Podríamos ejemplificar lo expuesto señalando que la gracia podría ser la frase «Dios proveerá», y el esfuerzo estaría expresado por la frase «te ganarás el pan con el sudor de tu frente».

Cada vez que agradecemos, decimos gracias por la «gracia» que nos acaban de conceder, pero a su vez lo que estamos pidiendo son nuevas «gracias».

La gratitud destaca la bendición de lo recibido y a su vez se anticipa a lo que recibirá. Decimos gracias y ratificamos que dando (gracias) se reciben (futuras gracias). Así como un chiste sin gracia o mal contado no tiene sentido, podríamos decir que una vida sin contar con Dios es un esfuerzo que no tiene gracia, y eso no es un chiste.

Poderoso el chiquitín

Años atrás en Argentina, una publicidad de una secadora popularizó esta frase con la que se quería destacar que incluso un artefacto muy pequeño podía tener un enorme poder para secar la ropa. Algo semejante sucede con el ego, pequeña criatura de enorme poder, con el que tantas veces nos identificamos, más allá de que tantas veces nos termine «secando» no la ropa sino el espíritu.

Lo primero que deberíamos aceptar es que el poder que tiene este niño caprichoso no es otro que el que le supimos conceder. Lo segundo que deberíamos entender es que aunque nosotros le demos al ego todo lo que nos pida, el ego nunca nos va a amar.

No se trata de una cuestión personal, no va con uno la cosa, el ego es incapaz de amar a nadie, no es ésa su tarea, lo suyo no es amar sino separar, su misión es separarte de tu creador. El ego te hará creer que el problema son los demás, los otros egos. *Un curso de milagros* nos dice: «El mundo cree que si alguien lo tiene todo, nada quedará para los demás.»

El ego, a diferencia de Dios, se centra en el yo; el espíritu, a diferencia del ego, tiene absoluto conocimiento de Dios. La espiritualidad es la interconexión de todas las cosas, el ego te hará creer que estás desconectado de todo. El ego es una gran contradicción, es la oposición que plantea el yo, falso ser al ser de Dios.

Ego y espíritu no pueden asociarse, la desaparición de uno implica la aparición del otro: del espíritu viene la verdad; del ego, la ilusión. El espíritu es eterno, el ego es efímero; el ego quiere prevalecer sobre los otros egos, el espíritu irradia su luz sobre todos los espíritus.

El libre albedrío nos permite elegir el hogar donde deseamos vivir: podemos habitar en el hogar del ego, que es ruinoso, mísero e inhóspito, o en el hogar de Dios, que es digno del ser. El ego hará que te centres en la carencia, él sólo da para obtener algo a cambio. Vuelvo a *Un curso de milagros* y leo: «Para el ego, dar cualquier cosa significa tener que privarse de ella.»

Para el espíritu el ego no existe, el espíritu no es consciente de la existencia del ego. El ego sólo puede identificarse con otros egos, ya sea para unirse a ellos o para atacarlos, pero nunca para identificarse con el espíritu.

Cada día podemos elegir qué voz escuchamos, si la del ego o la de Dios; la decisión que tomemos determinará nuestros sentimientos y comportamientos. A la hora de conectar con Dios no estarás desanimado, ansioso o crítico, pero esto sí sucederá cuando decidas dejarte llevar por el ego.

Intentaré explicarlo de la manera más sencilla posible: cuando piensas desde la mentalidad de

Dios, estás alineado a tu esencia y fluyes con ella. Cuando eres «pensado» por el ego, entras en tensión y te sientes empujado hacia la oscuridad y el temor. Volver a tu esencia y ser consciente de que lo que sucede puede ser modificado servirá para diluir el ego y abrir la puerta a la paz en tu vida. La decisión siempre corre por nuestra cuenta.

El ego se desvanece cuando Dios aparece, la mente superior prevalece sobre la mente inferior. El padre jesuita Tony de Mello solía decirle a sus discípulos: «Deja en paz a la mente y recobra tus sentidos», algo así como diluye al intelecto del ego y recobra la sensación de Dios.

De Mello decía que en cualquier método basado en la fuerza de voluntad, el ego robustece el yo, que es lo contrario de lo que debería ser. «Hay que aflojar esas manos tensas con las que nos agarramos al volante de nuestras vidas, a nuestro propio yo, y dejarnos llevar, soltar el carné de identidad, cosa que nadie quiere hacer porque se encuentra perdido sin él.»

En su libro *Ligero de equipaje*, Carlos G. Valles S. J. cuenta que Tony de Mello decía algo que tranquilamente puede resumir mucho de lo que este capítulo quiere expresar: «Todo esfuerzo (romperse el alma) es contraproducente porque refuerza el yo.»

Empezar a olvidarse del propio ego nos ayudará a comprender que sólo despojándonos del «yo» podremos ser libres. El «yo» es una falsa ilusión: así como existe el alma, así como existe el cuerpo, no existe tu «yo», te lo has inventado tú. Pero así como lo inventaste, puedes trabajar para diluirlo; no será de un día para otro, se trata de un trabajo gradual con resultados esperanzadores. Deshacerse por completo del yo es la liberación final, el último eslabón de un largo proceso.

Se hace muy difícil buscar a Dios desde el «yo» e imposible encontrarlo de esa forma. De Mello decía que el que busca a Dios debe olvidarse de sí mismo. Digamos que debe olvidarse del sí mismo para encontrar al ser, pues así como el «yo soy» no encuentra a Dios, el ser forma parte de Dios.

Una manera recomendable de acercarse a Dios y alejarse de los efectos del ego es no tomarnos a nosotros mismos tan en serio, para poder, de esta manera, salir del yo y ser capaces de tomarlo a la ligera. Esto nos permitirá relajarnos para perder el control remoto del ego y activar el botón divino en el que podemos confiar y entregarnos mansamente.

Padre por dos

Dos padres están a nuestro alcance dispuestos a ejercer su paternidad sobre nosotros. No estamos obligados por nadie o por nada a elegir a uno o a otro, no podemos adjudicarle a otra persona el error o acierto de nuestra propia elección.

Dios y el ego ofician de «candidatos», se trata de uno o el otro, ya que entre ambos no podemos establecer ningún tipo de vínculo, sociedad o coexistencia. *Un curso de milagros* dice: «¿Quién es mi padre?, y serás fiel al padre que elijas.»

Al ego lo hemos concebido como padre nuestro, en cambio Dios nos concibió como hijos suyos. Se trata de una cuestión de elección: o somos «hijos» de quien nos quiere adoptar a la fuerza o somos hijos de quien nos ha creado. En caso de ser elegido, el ego querrá vivir con nosotros. Distinto es el resultado de la otra elección, ya que Dios vive en nosotros.

O elegimos a un padre externo, un intruso al que implantamos cual injerto en nuestra vida o al padre que hizo posible nuestra existencia. Gracias a Dios existimos; en cambio, el ego sin nosotros no existiría. O nos quedamos con el padre del que formamos parte o nos separamos de él para quedarnos con el ego, que apenas es una parte separada de la totalidad.

El ego es la separación, sólo quiere estar separado y pretende de esta manera alcanzar su propia autonomía. El ego podrá ser autosuficiente, pero nosotros no, ya que no podemos desvincularnos de aquello que naturalmente somos. Así como resulta arduo escapar a las influencias del ego, resulta inevitable ser víctima de las consecuencias de lo que el ego nos termina deparando.

Ninguno de nosotros está exento de extraviarse y perder el rumbo —no es ningún pecado—, pero una vez que podamos tomar conciencia, sería necio no volver a unirnos a Dios una y otra vez. *Un curso de milagros* dice que la verdad no tiene sustituto y ella hará que esto te resulte evidente a medida que te conduzca al lugar donde te encontrarás con ella.

A la verdad la encontraremos donde está Dios. Donde está Dios la verdad se hace presente. Nadie debe imponernos a Dios, Él no lo querría así, por algo nos concedió la libertad de elección. La decisión final es nuestra, así como Dios siempre nos elige, nosotros no hacemos lo mismo con Él.

De manera permanente se nos presenta la oportunidad de elegir la ilusión del ego o la verdad de Dios. En el primero de los casos, cuando el ego resulta el elegido, nuestro verdadero padre respeta nuestra decisión y con amor verdadero nos observa paternalmente con amor, mientras que espera que, a fuerza de golpes, errores y fracasos, aprendamos la lección por nosotros mismos.

El maestro aparece cuando el alumno está preparado: hasta que no aprendemos, no hacemos una elección correcta; Dios no interviene hasta que no estamos preparados para percibirlo y recibirlo. Lo mismo sucede con el amor y el egoísmo:

hasta que no decidimos amar, el egoísmo no decide partir.

Por el resto de nuestros días, la vida se tratará de esto, será cuestión de aprender, de equivocarse, de recibir enseñanza, de cometer nuevos errores, de tomar conciencia de ellos, de repararlos lo más rápidamente posible y de evolucionar.

Cuando admitimos un error en tiempo y forma, más cerca estamos de subsanarlo: la admisión consciente de la propia equivocación nos pone en camino a la superación. El error en muchos casos no reviste gravedad a la hora en que lo cometemos pero sí a la hora en que lo negamos.

A la hora de la admisión, del arrepentimiento o de la demanda sincera de perdón debemos sentirnos convencidos y no vencidos. El acto de contrición debe ser una acción que tomamos no porque no nos quede alternativa alguna, sino porque estamos convencidos de que ésa es nuestra mejor alternativa.

El karma de aquella acción negativa tiende a diluirse a la hora de aceptar lo efectuado; el hecho de no afrontar aquello que hemos realizado, generará efectos aún más nocivos que los que tememos y nos negamos a afrontar. El ego nos hará creer que la no admisión del error y su intento de seguir desmintiéndolo nos protegerá. Así es como funciona, ésa es su lógica, estar a la defensiva. El ego tiene por costumbre responder por nosotros, a él le gusta actuar antes de que nosotros podamos recapacitar. Es lógico que él prevalezca muchas veces en nuestra reacción inmediata, pero una vez transcurrido el lapso que va del impulso a la reflexión, debemos buscar la respuesta en la verdad y no en la ilusión.

Dos padres tan distintos nos ofrecen dos mundos diferentes. Podemos ser cada día más parecidos a quien nos creó a su imagen y semejanza y buscar en este reflejo nuestra realización divina como recipientes de su amor y sabiduría. Pero también podemos decidir identificarnos con el ego, nuestra falsa identidad, y proyectar en nuestra vida sus actitudes caprichosas y mezquinas.

Con el tiempo descubrimos que le hemos dado al ego un lugar que no merece y para el cual no está preparado: el ego no es más que un vehículo con el que podemos operar en este mundo material, pero al que no deberíamos entregarle el timón de nuestra vida.

En mayor o menor medida, subiremos cada día a ese vehículo, al que *sólo si somos conscientes* podremos conducir, frenar a tiempo y no dejar que nos conduzca.

Hay un pequeño test que podemos realizar cada vez que somos conscientes de que nos estamos alejando de nuestro eje, de quienes somos. Consiste en llevarle el ego a Dios, en entregárselo para que la verdad corrija el error. El ego es el oponente, que sólo cesará su oposición ante Dios, el único que puede con él.

Un curso de milagros lo explica sabiamente cuando expresa que «si crees que entiendes algo de la dinámica del ego, te aseguro que no entiendes nada, pues por tu cuenta no podrás entenderlo». Al leer esto muchos lectores se verán impulsados a responder que en realidad no estudian sus egos por su cuenta sino que para esto recurren a un psicólogo. Dejemos que sea *Un curso de milagros* el que pueda echar luz sobre el asunto. «El estudio del ego no es el estudio de la mente; de hecho, al ego le encanta estudiarse a sí mismo y aprueba sin reservas los esfuerzos que para analizarlo llevan a cabo los que lo estudian, quienes de este modo demuestran su importancia. Sin embargo, lo único que estudian son formas desprovistas de todo contenido significativo.»

Cuidado con entregarle el ego al ego, debemos ser cautelosos al confiarle nuestro ego al ego de otra persona. Lo señalado no significa que desistamos de buscar asistencia psicológica para paliar, suavizar o resolver nuestros problemas o aflicciones. Sólo intento señalar que la herida espiritual no sana recurriendo exclusivamente a lo psicológico sin el concurso de la espiritualidad y la experiencia del contacto directo con Dios y la vibración que esto implica.

La herida interna se sana desde dentro; la mente y el intelecto por sí solos no son herramientas suficientes para terminar con los padecimientos del alma. No llegamos a Dios y a su sabiduría por la vía del conocimiento; la experiencia del contacto directo con Él nos llega a través de la conexión con nuestra porción divina.

El sendero espiritual es el camino directo a Dios, es la ruta que nos lleva a reunirnos con lo que somos y que nos permite vibrar en la misma frecuencia en la que vibra nuestro creador. La experiencia de vibrar en sintonía con nuestra fuente creadora es superior a cualquier análisis que una mente quiera hacer sobre otra.

La quietud mental es el prólogo de nuestra conexión con el universo y es la inquietud mental la que evita la quietud del espíritu. El ego es un combatiente permanente, él quiere una mente en guerra contigo mismo: si lo que estás buscando es estar en paz contigo y con los demás, no es el ego el padre más indicado para intentarlo.

Podríamos concluir que como creaciones divinas que somos, no podremos ser si elegimos como padre a una creación humana. Si no estamos en paz es que hemos elegido el conflicto. Somos parte de Dios, la gran inteligencia, pero no podemos acceder a ella por otra vía que la conciencia.

El puente entre la inteligencia superior o mente verdadera y la inteligencia inferior, a la que el ego quiere confundir, es el Espíritu Santo. Esa gran inteligencia no estará a nuestra disposición en la medida que el orgullo impida que progresemos espiritualmente.

Cuando entregamos nuestra mente finita al ser superior, tenemos acceso a la mente superior. Elegir como padre al ego significa elegir para el hijo de Dios lo que tu verdadero padre no eligió para ti.

Desde el alma

En el capítulo denominado «El amor está en el aire» hemos esbozado la hipótesis del elemento aire como una forma particular de expresión divina. En la mitología griega el aire era considerado una suerte de dios del bien.

Los presocráticos concedían al aire gran importancia como generador de ciertas cualidades espirituales que el ser recibía en el momento de nacer.

En su obra denominada *Diccionario de símbolos*, Rosa González Aquino nos recuerda que el filósofo Diógenes de Apolonia consideraba el origen del alma humana como derivada del aire.

Dios ha infundido en nuestros cuerpos una parte de su conciencia anímica a la que llamamos alma. Esa alma sólo es posible a partir de nuestra conciencia espiritual; si volviéramos a jugar con la frase «romperse el alma», lo que plantearíamos no sería otra acción que la de querer romper lo que somos. Esto significaría rompernos y prescindir de nuestra esencia para entrar al mundo del conflicto y la separación y, con ello, renunciar a nuestra felicidad, que sólo podemos obtener merced a la existencia espiritual del alma.

Somos seres espirituales que estamos viviendo una experiencia humana a la que hemos sido enviados con el propósito de lograr la evolución de nuestra alma, desde los niveles más primitivos a los más evolucionados de la existencia.

Somos cuerpo y alma; nuestro cuerpo físico es la mansión del alma, cada vez que reencarnamos nuestra alma mora en otra mansión. Si comprendemos esto en su dimensión real, podremos comprobar que vivimos aquí en un cuerpo físico pero que no somos esencialmente ese cuerpo.

Estamos aquí en un cuerpo físico en el que ha encarnado un alma divina que tiene una misión que determina el propósito y significado de nuestra propia existencia. El alma es el «yo divino» que forma parte de la conciencia de Dios. El ego es el «yo inferior», oponente del «yo divino»; si decidimos olvidarnos de nuestro ego, decidimos vincularnos con Dios a través del alma, conciencia espiritual que nos une con el creador.

El ego nos fatiga; la fatiga es lo contrario de la inspiración: en este libro, en el capítulo dedicado a la inspiración, hemos explicado que cuando estamos en-espíritu nos inspiramos y que en-ego nos fatigamos, nos des-animamos.

Prescindir del ego es re-animarse; el ego sueña con romper el alma, de hecho «me rompo el alma» es una de sus frases favoritas; él nunca está satisfecho y eso hace que nos desalentemos. He aquí la cuestión: el alma es el aliento, lo que anima, lo que nos da vida. Así como el alma da vida, el ego se centra en la muerte; lo hace al obrar desde la finitud, ya que se trata de una invención humana y temerosa. Por el contrario el alma es inmortal, no conoce siquiera la idea de muerte, el alma es quien le da vida al cuerpo.

El alma es el contenido, la savia divina. El ego es la forma, la idolatría del envase y el rechazo del contenido. Cuando inhalamos (inspiramos), recibimos a Dios y absorbemos una esencia invisible, intangible a la que llamamos nuestra porción divina. Es Dios quien nos infunde su aliento, su esencia y su conciencia, con las que podemos conectar desde nuestra conciencia.

Una amiga del alma

Allá por 1991, cuando tenía 29 años, hacía un programa de radio al que llamé «En el aire esta noche» en la emisora de Buenos Aires conocida como La Red. Una madrugada se puso en contacto conmigo una oyente a la que después conocí personalmente y con la que entablé una incipiente amistad. En aquellos tiempos ignoraba toda cuestión vinculada con el mundo espiritual, territorio al que se refería frecuentemente mi amiga oyente.

En uno de nuestros encuentros —tras invitarme a cenar junto con quien era mi novia y posteriormente se convertiría en mi esposa y madre de mis hijos—, me obsequió con un libro que guardé durante años en mi biblioteca.

A decir verdad, guardé el ejemplar más por respeto a mi amiga Haydée Coronel que por curiosidad por la temática de la obra.

Sin embargo, al cabo de unos años, aunque nunca supe más acerca de ella, empecé a tenerla cada vez más presente en mis pensamientos y aquel libro, que casi no causaba en mí interés alguno, es hoy objeto de lectura frecuente y elemento de consulta a la hora de escribir este capítulo.

El libro al que me refiero se llama *Mansiones del alma* y fue escrito por el doctor H. Spencer Lewis, quien de manera muy elocuente señala en su obra que somos un alma revestida por el cuerpo. Podríamos llamar al alma «cuerpo espiritual», el cual se aloja sólo por un tiempo en el cuerpo físico, hasta que el alma inmortal se escinde del cuerpo físico mortal. La ilusión del ego es que te «rompas el alma»; sin embargo, su ilusión es vana ya que el ego desconoce que el alma se conforma de elementos inmortales, nobles, irrompibles e incorruptibles.

Destinos separados

Así como se suele decir en la ceremonia nupcial «hasta que la muerte nos separe», el alma y el cuerpo son un matrimonio que viven juntos hasta que la muerte del cuerpo los separa. Podríamos decir, para reafirmar este ejemplo, que en esta «pareja» siempre es el alma la que «enviuda».

El cuerpo físico muere, el alma es inmortal. El cuerpo muere cuando el alma (aliento vital) ya no puede ser retenida por el cuerpo; en ese trance el alma abandona el cuerpo, se separa de él. El cuerpo agota su tiempo y acaba su existencia. El alma, lejos de acabar su existencia, ha evolucionado y se ha perfeccionado en su nueva experiencia terrenal.

Así como Dios es inmortal, el alma, que es una parte de la conciencia de Dios, una sustancia espiritual que se origina en su conciencia, participa de la inmortalidad de Dios y es eterna.

El alma contiene la potencia de quien nos ha creado y nos ha dado vida, una vida que nos permite inspirarnos en su espíritu, que es la energía que nos hace vibrar. Dios nos ha infundido su conciencia a través del alma; por lo tanto, «romperse el alma» sería romper a Dios, o más gráficamente, «romperse a Dios».

El ego es separación y su ilusión es la de separarnos de otras almas; el ego ignora que cada alma forma parte de la conciencia de Dios y que cada una de ellas es como un pedacito divino que está unido a todos los otros pedacitos de Dios que —interconectados— sintetizan la unidad. El ego es la separación, Dios es la totalidad, la unión de todas las almas.

El alma nos permite acceder al canal del conocimiento divino que nos llega en forma de inspiración e intuición. El doctor H. Spencer Lewis nos dice que es el alma la que posee el atributo de la comprensión. El alma le trae al cuerpo físico sabiduría, la conciencia divina se sitúa en una frecuencia vibratoria más alta que la de la conciencia física. En realidad, cuando decimos incorrectamente que «nos rompemos el alma», tal vez lo que queremos decir es que nos estamos «rompiendo la cabeza».

Romperse la cabeza (o el sentido de esta afirmación) constituye otro grave error. Las grandes respuestas no proceden del pensamiento sino de la inspiración, las grandes ideas nos surgen de manera repentina y no como fruto del pensamiento obsesivo. La creatividad es hija del espíritu, aquella energía que impregna toda la materia del universo.

Cuando nacemos, el alma viene a cumplir una misión y se encarna en un cuerpo con el que tiene afinidad y donde se aloja y vive su experiencia terrenal. El libro *Mansiones del alma* supo explicarlo al señalar que el cuerpo físico debe tener la oportunidad de adquirir conocimiento espiritual e iluminación.

El alma es fundamental a la hora de la creación de los aspectos emocionales y del comportamiento de las personas. El alma determina la personalidad, elemento dado por la combinación de la conciencia divina con la conciencia física.

Spencer Lewis define el concepto de personalidad como la naturaleza interna de nuestro verdadero yo y al carácter, como aquello que se ve determinado por las características exteriores de la persona, lo que denomina el «yo externo».

Podríamos decir que el carácter exhibe cómo nos mostramos hacia los demás y la personalidad expresa cómo somos realmente con nosotros.

La procesión va por dentro

Así como el ego adora la forma, el alma representa el fondo. El ego es un envase de barro; el alma es el contenido que Dios disemina sobre nosotros. El ego se refleja en el carácter; el alma, en la personalidad. El ego es el fuero visible; el alma, el fuero íntimo.

El hombre comprende e intuye, al conectar con la conciencia divina, qué es lo justo, qué lo correcto y lo que corresponde. Es ahí donde el hombre tiene una visión elevada y noble de sus acciones y comportamientos, aquellos que el ego no desea que manifieste.

Independientemente de lo que argumentemos y le digamos a los demás, sabemos cuándo no estamos obrando con mente recta y haciendo lo que corresponde; en tal caso, si no acatamos nuestra voz interior, lejos de expandir la conciencia, la estrechamos y cerramos nuestro vínculo con Dios. En esa situación experimentamos aquello que vulgarmente llamamos «tener la conciencia intranquila», consecuencia lógica de la colisión de nuestro ser con nuestro «soy», donde cada uno enjuicia al otro.

La comprensión íntima de los hechos que nos toca vivir nos lleva a efectuar el juicio más apropiado, el alma nos ayuda a comprender y a obtener las respuestas verdaderas, que nos traen paz y libertad.

Dios nos da la vida para que desarrollemos el alma y para que evolucionemos, pero también nos ha dado la posibilidad de elegir libremente para que seamos nosotros los que forjemos nuestro propio destino.

Diluir el ego, reducirlo, romperlo y desarrollar

cada día el alma son las acciones que nos permiten empezar a ser aquello que vinimos a ser. Dice Harold Sherman, en su libro *La vida después de la muerte*, que una vez que somos conscientes de que poseemos un alma en proceso de desarrollo, por medio de la experiencia de la vida podemos permitir que esa alma nos hable con la sabiduría que Dios le otorga y que contiene una guía para cada acto y pensamiento que protagonicemos.

Muchas veces has escuchado a tu cabeza con el rap machacante del ego y sus pensamientos recurrentes; tal vez sea tiempo de escuchar lo que el alma quiere comunicarnos. Sherman nos dice que la parte del hombre que no muere (el alma) ha estado tratando de decirle a la parte del hombre que muere (el cuerpo) que con la muerte no termina todo.

Podemos desarrollar nuestra alma y usar nuestra libertad de elección hasta alcanzar cada día un poco más nuestra realización divina. Dicen Mark Prophet y Elizabeth Prophet en su libro *El destino del alma* que «si el alma no ejerce el libre albedrío para honrar a Dios y para unirse a su santo ser crístico, su oportunidad de llegar a ser inmortal finalmente se acabará».

Meditación: cuando el alma abandona el cuerpo

Algunas páginas atrás, veíamos que a la hora de la muerte del cuerpo físico el alma inmortal se separa de él. Una forma de experimentar en vida lo que el alma hará cuando el cuerpo muera tiene comprobación parcial en la práctica de la meditación.

Cuando meditamos, el alma —o ser inmaterial— se escinde del cuerpo —o ser material—. En lo personal, si bien medito diariamente hace muchos años, admito que sólo he experimentado en contadas ocasiones esa sensación de «no sentir» mi cuerpo y a su vez experimentar que mi «interior» se elevaba y salía de la esfera del físico.

La meditación nos permite, al igual que el yoga, recuperar nuestra olvidada conciencia divina para ser conscientes de nuestro ser y volver a nuestra esencia. Al meditar salimos del mundo de la finitud, ahí penetramos en lo más profundo de nuestra alma y entramos en comunión con Dios.

La meditación hace que tomemos conciencia de una energía diferente de la de nuestro cuerpo físico. Si bien es cierto que necesitamos de nuestro ser material —nuestro vehículo terrenal del que somos conductores—, a la hora de meditar ya no lo percibimos.

Aquello que sentiremos al morir nuestro cuerpo físico se nos presenta a la hora de lograr en el acto meditativo la «no sensación corporal». Es algo así como sentir que el alma deja el cuerpo, lo observa. Es como observarme a mí mismo y poder tomar distancia de mis pensamientos, de los que paso a ser un mero testigo.

Soy un ser de luz; terminada la meditación vuelvo a sentir lo que soy, un alma que tiene un cuerpo. Abro los ojos, estoy en paz, he dejado atrás mi ego para empezar a alcanzar la felicidad.

8
60 PÍLDORAS SIN FECHA DE CADUCIDAD

En muchas ocasiones me llevo un libro a la cama; por lo general recurro a libros de espiritualidad que disfruto enormemente y permiten que me vaya a dormir en paz y pueda conciliar el sueño de la mejor manera.

Quisiera poder generar en mis lectores sensaciones parecidas a las que experimento cuando leo aquellas obras que ayudan a la superación personal y a cerrar mi jornada en paz y con los mejores pensamientos posibles.

De algún modo ciertos párrafos de sabiduría que dan forma a este capítulo son como imaginarias «pastillas para dormir» que, lejos de intoxicarnos o generarnos efectos no deseados, adormecen nuestros temores y despiertan nuestros mejores sueños.

Comencemos entonces con el «tratamiento»: la posología corre por cuenta del lector al cual se le advierte desde ahora que estas pastillas deben ser administradas a gusto del consumidor. El «frasco» que está a punto de ser abierto contiene 60 píldoras que no poseen fecha de caducidad. Ante cualquier duda, consúltate a ti mismo.

1. Si el ego te dice que no tiene dudas, no le creas, es tiempo de buscar certezas en otro lado.
2. Si el problema es tan sólo una parte del todo, el todo no es un problema y hay lugar para la solución. A la hora de preocuparte evalúa si el problema es el todo; en tal caso, la solución no tiene espacio para aparecer.
3. Ten en cuenta siempre que, cuando estamos mal, la persona que más a mano tenemos es a uno mismo.
4. Empezamos a crecer cuando le damos a la vida más de lo que esperamos recibir de ella.
5. La espiritualidad permite un estado de presencia y de conciencia constante.
6. En el mundo espiritual la secuencia es inversa a la del mundo material. En este último se suele utilizar aquella frase que dice: «Ver para creer.» En el mundo espiritual primero se cree y después se ve, o sea que la frase en este caso es «creer para ver».
7. No vemos el mundo como es sino como lo vemos. Lo que vemos y lo que sentimos es diferente porque nuestro mundo interno es distinto.

8. Cuando Isaac Mirochnic, de noventa y un años de edad, me visitó en la radio en «El combustible espiritual» para enseñarnos el concepto logosófico, me dijo: «Es increíble: el espíritu es la parte más importante y a la que menos importancia le damos.» Antes de despedirse me dijo: «No me estoy preparando para la muerte sino para mi próxima vida.»
9. Hacemos el bien y estamos haciendo sitio para que el espíritu se manifieste, ésa es la secuencia.
10. Jean-Paul Sartre decía que el infierno son los otros; a mí me gusta más pensar que los otros son semillas.
11. A la hora de juzgar, deberíamos tener presente que cuando apuntamos a otra persona simulando que nuestra mano es un arma hay tres dedos que nos están apuntando a nosotros.
12. La primera vez que me engañes la culpa será tuya, la segunda vez sólo será mía.
13. No está mal llorar, las lágrimas derramadas son amargas, pero más amargas son las que reprimimos con tal de no derramarlas.
14. Es paradójico: cada vez que termina el juego, el rey y el peón vuelven a la misma caja.
15. La diferencia está en el artículo:

    Esta noche antes de quedarte dormido te

sugiero que pienses en que son muchos los que luchan por ser el número uno, cuando en realidad lo que deberían buscar es ser uno y no el uno. Así como una coma cambia por completo el sentido de una frase, un artículo (el) transforma en su totalidad el sentido de un propósito, su significado e intención.

Uno es feliz cuando es uno (uno mismo) y no necesariamente por ser el número uno. Que el primer número de todos sea sinónimo de identidad y a su vez de éxito no es casual, pero tampoco lo es que aquel que es uno (él mismo) sea feliz y que los que son «números uno» muchas veces no lo sean.

16. Somos seres, no «teneres»: Una y otra vez caemos en la misma trampa al suponer que solucionaremos nuestra insatisfacción espiritual con bienes materiales. Esto es tan erróneo como querer solucionar la urgencia material sólo desde lo espiritual.

Si experimentamos el vacío interior, no hay objeto ni riqueza material que podrá curar, sanar o cicatrizar la herida interna. Es recomendable autoexaminar nuestra angustia, ya que en más de una oportunidad creemos estar mal como consecuencia de carecer de elementos materiales que consideramos que harían desaparecer nuestra insatisfacción. Sin embargo, al obtener aquel elemento material que anhelábamos, sentimos que interiormente poco ha cambiado. Frente a la desdicha, el mejor cambio que podemos hacer no es el de la mejora o recompensa material, sino el de la transformación interior, la que una vez producida nos permitirá disfrutar con satisfacción lo material.

Como seres nos vemos imposibilitados para resolver nuestros problemas, con «teneres» y como personas espirituales que vivimos en un mundo material (The Police cantaba que somos espíritus en un mundo material), tenemos que aprender a dejar en algunas circunstancias la reflexión para dar lugar a la acción, esto es, hacer la parte que nos toca y corresponde.

17. El comienzo espiritual:

Como he intentado explicarte en el capítulo seis, no cambiamos aquello que toleramos; al principio creemos no tolerar muchas cosas que vemos en los otros, pero después nos damos cuenta de que en realidad lo que no soportamos son demasiadas cosas que empezamos a ver en nosotros. Ya hemos dado el primer paso, empezamos a soltar poco a poco nuestra identidad con el ego y de pronto y sin saberlo lo que estamos haciendo es nuestro ingreso al primer nivel del «misticismo natural».

Paulatinamente van desapareciendo de nuestra boca frases como: «Yo soy así y no voy a cambiar» y gradualmente empezamos a saber y a aceptar lo que nos gusta y nos disgusta de nosotros. Con el tiempo nos sorprendemos queriéndonos más y quejándonos menos acerca de la persona que nos ha tocado ser. Y hasta nos mostramos agradecidos.

La gratitud nos conduce al amor sano por nosotros mismos, ese que realmente somos; sólo quien se ama puede ayudar como ser amoroso despojado de temores a que otras personas puedan lograrlo.

Es bueno que tengas presente que la relación que establezcas contigo y cuánto te aceptes determinará tu relación con los demás y tu aceptación de los demás. Cuanto mejor te lleves contigo, mejor te llevarás con los otros.

18. El cambio según el ego y el cambio según el espíritu:

El ego siempre está insatisfecho y vive comparándote con los otros egos. Él siempre nos hace ver lo que no tenemos y que lo que poseemos y hacemos no es suficiente, razón por la cual es imperioso que cambiemos.

El ego nos quiere imponer el cambio para que seamos otros: el espíritu nos permite cambiar para ser uno mismo.

19. Ya que no me gusto, intento gustarle a todas las personas:

    Pocas cosas en la vida terminan resultando más desagradables que querer resultar agradable a todo el mundo. Se trata de un desgaste enorme e inútil de energía. Quien quiera agradarle a todos siempre deberá enfrentarse con una persona a la que no podrá agradar: él mismo.

20. El crac y el clic:

    Con mucha generosidad, afecto y algo de nerviosismo por el encuentro inesperado, se me acercó muy amablemente y me dijo: «Hace mucho que escucho tu programa, incluso desde antes que hicieras el "crac".» Me sentí tentado de corregirlo y decirle que lo que había hecho en todo caso era el «clic»; sin embargo, rápidamente caí en la cuenta de que su supuesto error era un acierto. Después de agradecer su buena voluntad me quedé reflexionando sobre su comentario y entendí que no hay clic si primero no hay crac.

    Hasta que el ego no hace crac, no escuchamos el clic del espíritu.

21. Testamento espiritual:

    Cuando partamos de aquí, dejaremos todo lo que tuvimos y nos llevaremos todo lo que dejamos.

22. Entrega inmediata:

    Entregar es dar lo que nos ha sido dado. Si no entregamos lo que nos ha sido dado, no permitimos que nos sigan dando.

23. Cuestión de tiempo:

    El presente es resultado y causa de nuestro pasado. Lo que decidimos ayer es lo que hoy disfrutamos o lo que hoy padecemos.

24. El secreto:

    Conozco un lugar donde Dios se hace presente, es un secreto que sólo voy a compartir contigo. Toma nota: Dios se presenta cada día en tu conciencia. La espiritualidad es la necesidad consciente de Dios, pruébala.

25. Último momento:

    ¡Buenas noticias! El pensamiento positivo es mucho más fuerte que el pensamiento negativo.

26. Si sucede, conviene:

    Dice Paulo Coelho: «Las decisiones de Dios son misteriosas, pero son siempre a nuestro favor.»

27. Conozco a muchas personas que no tienen problemas para dormir; apoyan la cabeza y se

duermen inmediatamente, no tienen que tomar pastillas para dormir. Sin embargo, muchos de ellos con gusto tomarían pastillas para soñar.

28. La Tierra Prometida:

    A la Tierra Prometida se la llama Zión, de ahí proviene la palabra sionismo. Todos tenemos una tierra prometida a la que debemos volver y honrar.

    Nuestra tierra prometida es nuestra «misión», mi-zión, mi-sión en la vida. Aquella para la cual estamos aquí, ésa es nuestra Tierra Prometida.

29. Rima espiritual sobre el desapego:

    Si ya no se aferra y lo suelta, si realmente era para él, muy pronto lo tendrá de vuelta.

30. No hay mayor bien que la paz interior. Como es por dentro es por fuera, todo tiene un propósito. La caja de seguridad menos inviolable del mundo es portátil, no pesa nada y carga el mayor tesoro. La caja de seguridad está en tu interior.

31. La enfermedad es falta de armonía, toda enfermedad es hija del desequilibrio. Nuestras creencias y emociones determinan nuestro estado de salud, cuanto más hablamos de estar enfermos, más enfermamos. Lo semejante atrae a lo semejante, cuidado con aque-

llo que nos creemos. Lo que hoy está en tu mente y enviaste al inconsciente, mañana se te hará presente.
32. Pocas cosas nos cuestan más que dejar de creer en aquello que nosotros mismos hemos creado.
33. La mejor receta para sufrir antes de tiempo es preocuparse.
34. Tropecé dos veces con la misma piedra:

Cuesta admitirlo pero es habitual que en cada hecho que nos trae el presente, repitamos el error de actuar según nuestro pasado.
35. Filosofía de la felicidad:

Dijo Immanuel Kant: «Si tus acciones apuntan a la libertad, la dignidad y la verdad, sobrevendrá una consecuencia llamada felicidad.»
36. Sobre la felicidad:

Párrafos de una carta enviada por Margarita Ruiz, de Madrid, al correo de lectores de *El País semanal*.

«Un pensador indio dice que cada decisión que tomamos está entre un motivo de queja o un milagro. He padecido todo el abanico de malestar psíquico-físico que un humano pueda padecer; sin embargo, hoy, a mis cuarenta años, gozo de una espléndida salud mental y física, producto no de la química farmacológica sino de la química del entendimiento, que se traduce en una aceptación natural, sosegada y comprensiva de que toda circunstancia externa a nosotros es efímera y susceptible de transformación.» «Somos infelices no porque seamos víctimas de una naturaleza cruel, injusta e indiferente, lo somos porque desconocemos esa naturaleza que nos hace seres con un potencial de transformación infinito. No somos aquello que nos ocurre, lo que necesitamos no son fármacos cada vez más potentes para otorgarnos una artificiosa sensación de felicidad. Lo que necesitamos es conocer nuestra verdadera naturaleza para recordar y rescatar una felicidad que ya existe en nosotros.»

37. Aforismo de monjas francesas, publicado en 1979:

Escrito por la comunidad de las Pequeñas Hermanas de Jesús: «Bienaventurados los que sepan ver las cosas pequeñas con seriedad y las cosas grandes con tranquilidad, porque llegarán lejos en la vida.»

38. No hay obligaciones en el mundo espiritual, la coerción no conoce la espiritualidad.

39. Disfrutemos hoy de este día del que tendremos nostalgia al día siguiente.

40. Proverbio chino:

El que teme sufrir ya sufre el temor.

41. El budismo y la riqueza:

    El ser espiritual disfruta sin culpas el éxito material. En el budismo se dice que una persona con muchos recursos puede hacer un bien aún mayor que aquella que no los tiene. Sólo se trata de ganar dinero de manera honesta y limpia, de comprender el origen y el propósito de aquella riqueza que te es enviada.

    Es cuestión de hacer del dinero un instrumento antes que él haga un instrumento de tu persona.

    La actividad de generar riquezas materiales no debería cansarnos física o mentalmente en exceso como para que nos impida disfrutarlas. Si nos arruinamos la vida y la salud haciendo negocios, deja de ser negocio y se frustra el propósito mismo de la actividad comercial. Es hora de entender que no hay prosperidad comercial disfrutable si no viene acompañada de prosperidad espiritual.

42. Frases de Kung-Fu a sus alumnos:

    «Sólo le pertenezco a alguien: a mí mismo.»

    «El enemigo es el miedo, la armadura es el amor.»

    «Ocultar una verdad es fortalecerla y hacerla más resistente.»

    «Dos cosas pueden destruir al hombre: una fuerza exterior y una debilidad interior.»

43. Principios del Reiki:

    Sólo por hoy no estés preocupado, sólo por hoy no estés enojado.

    Honra a tus padres, a los profesores y a los ancianos.

    Gánate la vida honradamente, demuestra gratitud hacia todo ser vivo.

44. Cuando me visitó en la radio en «El combustible espiritual», José Luis Cabouli, médico, terapeuta y según se autodefine «cirujano de almas», dijo: «Cuando en la vida uno no hace lo que tiene que hacer, la vida lo fuerza a hacer lo que tiene que hacer.»

45. Verdades gandhianas:

    «La recompensa se encuentra en el esfuerzo, no en el resultado.»

    «Un error no se convierte en verdad porque todo el mundo crea en él.»

46. La búsqueda:

    No busques fuera, no busques muy lejos, no busques entre las otras personas, no busques más culpables. La «caja negra» que revela el porqué de tus accidentes se encuentra dentro de ti.

47. La verdadera confianza en Dios no está basada en que Dios cumpla con nuestros deseos, sino en confiar en cumplir con aquellos deseos que Dios tiene para nosotros.

48. Dios no habla en ego:

Es en vano dirigirse a Dios desde la desconfianza, el enojo o el desafío; no pongas a Dios a prueba, Dios no es una apuesta, Dios es una certeza.

Percibimos a Dios desde la conciencia, el «yo inferior» cede su espacio al «yo divino»; si vaciamos la estrecha «habitación» del ego, permitimos acceder a la percepción de Dios. Necesitamos desalojar el «dormitorio» de las pesadillas y transformarlo en el espacio del despertar espiritual.

La habitación del ego es «un cuarto de huéspedes» frío y desangelado, lleno de miedo, envidia, rencor, ira e incapacidad de admitir los errores y pedir perdón.

La «sala» de nuestro despertar espiritual está dentro de nuestro verdadero «hogar» y es tan cálida y confortable como tu ser.

49. Como una mosca:

Durante una velada muy agradable en la que cenaba con el padre Guillermo Marcó, me animé a preguntarle por qué había elegido el sacerdocio. Su respuesta no se hizo esperar, me contestó con una notable metáfora: «La vocación es como una mosca, la sientes en el brazo derecho, la espantas; la vuelves a sentir en el brazo izquierdo, la vuelves a espantar, pero segundos después, la tienes encima de nuevo.»

50. ¿Y tú de qué lado estás?

Una noche en la que recaudábamos dinero en una cena benéfica, le escuché decir al rabino Osher: «Es mejor estar del lado de los que dan que del lado de los que piden.»

51. Mal negocio:

Es paradójico, hay mucha gente que cuanto más dinero tiene, más pobre es.

52. Verdad jasídica:

Dios te enviará lo que necesites cuando lo necesites; al hombre no le crecen los dientes hasta que no le son necesarios.

53. Dejar ir la ira:

Cuando nos enojamos, lo mejor es frenar nuestros impulsos. Habitualmente se recomienda contar hasta diez. Tal vez se trate de un juego de palabras: para contrarrestar nuestros ataques de ira, lo más recomendable, más que contar hasta diez, es contar hasta Dios.

54. Más sabiduría jasídica:

«Hay que hacer tanto bien, en tanta cantidad, para que el mal se ahogue en un mar de bien.»

«Tal como soportas el rostro diferente de tu semejante, así debes tolerar su opinión que difiere de la tuya.»

«Solamente cuando anulamos nuestro propio yo, podemos ayudar a un semejante.»

«Que el hombre no se preocupe por el mañana hasta que no haya enmendado el hoy.»

«Todos los odios tienen enmienda, menos el odio que es producto de la envidia, ése no puede corregirse.»

55. Viejo y sabio:

Cuando Isaac Mirochnic vino a visitarme a «El combustible espiritual», con noventa y un años y su libro *Llamado a la vida espiritual* bajo el brazo, me dijo: «No me estoy preparando para la muerte sino para mi próxima vida.»

56. Felicidad por partida doble:

«El núcleo de la felicidad es llegar a ser aquel que soy» (Erasmo).

«La felicidad es ser realmente aquel que estoy llamado a ser sin asustarme» (Walter Benjamin).

57. El dinero por sí solo no hace la felicidad:

No sólo el dinero no es garantía de felicidad, sino que además, si se convierte en el centro de tu vida, será garantía de una vida infeliz.

58. No se cambia lo que se tolera:

«La realidad demuestra que ninguna situación cambia hasta que se torna insoportable» (José A. Marina).

59. Perdedor radical:

«Eso es un perdedor radical, un vanguardista de la muerte desesperado por su propio fracaso, un infeliz en busca de chivos expiatorios, un hombre perdido que se siente superior a todos porque se siente inferior a todos, que odia a los demás porque se odia a sí mismo y que sólo se libera del dolor incalculable, que alberga satisfaciendo el deseo compulsivo de convertirse en el amo de la vida ajena y de la muerte propia.»

«Un individuo obsesionado por compararse con los otros y que siempre sale malparado de esa comparación, un individuo cuyo ilimitado deseo de reconocimiento sólo le proporciona dolor, un individuo que sufre con cada mejora que observa en los otros, un individuo continuamente ofendido, rebajado, atropellado por los otros.»

60. *El combustible espiritual*:

«¿Por qué no ser un optimista en esta vida, siempre esperando lo mejor, encontrando lo mejor, creando siempre lo mejor? El optimismo conduce al poder; el pesimismo, a la debilidad, a la derrota.»

«Deja que el poder del espíritu brille en ti y a través de ti, creando a tu alrededor un mundo de belleza, paz y armonía.»

«Siempre encontrarás que lo semejante se atrae, que tu optimismo creará optimismo y será como una bola de nieve. Cuando está en la atmósfera apropiada, rodeada de amor y de esperanza, una pequeña chispa se convertirá en una llama que crecerá cada vez más hasta que estés ardiendo con el Combustible del Espíritu, que es inextinguible. Una vez que ha sido encendido, nada puede detener su expansión.»

Extraído del libro de Eileen Caddy *Abriendo las puertas de tu interior*.

Pastillas para dormir

Ya lo dijo el apóstol: «No se ponga el sol mientras estén airados.» Antes de quedarte dormido cada noche, haz las paces con Dios y todos los hombres.

ÍNDICE

Prólogo 7
Introducción: Estamos de paso 11

1. La felicidad 15
2. Un curso milagroso: gracias a Dios
   eran ateos............................ 63
3. La inspiración 81
4. El amor está en el aire 95
5. Sincronía: ni mera coincidencia ni pura
   casualidad 125
6. Mi libro rojo......................... 161
7. Cómo olvidarse del propio ego para
   alcanzar la felicidad 173
8. 60 píldoras sin fecha de caducidad 203

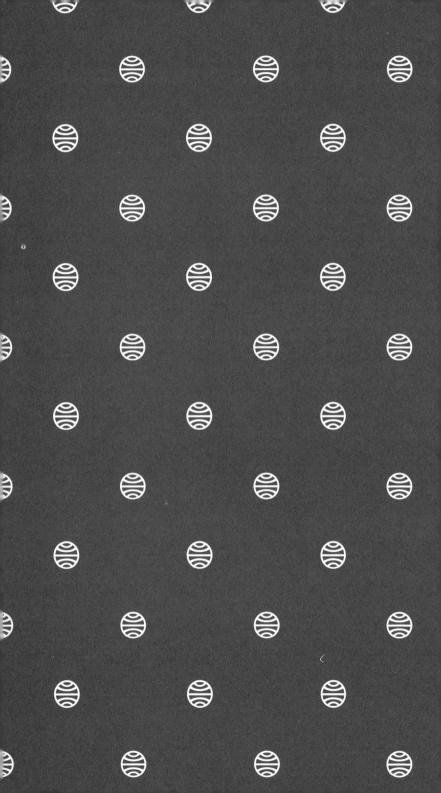